ELAINNE OURIVES

O MEU ANO DE GRATIDÃO

ESTA AGENDA PERTENCE A

O que é gratidão?

Esta energia existe e está dentro de nós. Muitas vezes, o que nos afasta de entender o que é a gratidão é a nossa mania de reclamar. Mas, o que é a gratidão? O que é essa energia? É ficar agradecendo o tempo inteiro? Frequentemente as pessoas falam "obrigado" por educação, ou dizem ser gratas para não parecerem mal-educadas, mas, bem no fundo de seu ser, não entendem o que é a verdadeira gratidão da vida.

A gratidão é muito mais do que uma atitude, do que ser grato ou agradecer por algo; gratidão é realmente sentir, dentro do seu coração, a paz de ser grato. É uma energia que, quando você está sozinho, conversando com Deus, agradece e sente uma paz interior; não julga, não pede, somente agradece. É a sensação de saber que você é grato pelo que tem, pelo que é e vibra por ter exatamente tudo de que precisa a seu alcance. Quem sente gratidão não se importa em ver o que ainda não tem, ou onde ainda não conseguiu chegar, ou que ainda não é visto pelas pessoas que gostaria, ou reconhecido em todos os milagres por Deus.

Gratidão é sentir que tudo que está acontecendo está certo e que serve para você aprender e observar, porque as coisas acontecem e estão dentro do princípio da Lei Universal. Mesmo quando passamos por momentos de provas, situações difíceis, precisamos observar e identificar o aprendizado e o crescimento sem ficar julgando a vida ou a forma como ela se apresenta. A gratidão ocupa um espaço dentro de nós que é reconhecido como o momento pleno, de aceitação. Nada pode ser mais forte do que essa vibração de aceitar os momentos, independentemente de quais forem. Uma pessoa que vive em uma frequência de reclamação não consegue interpretar e entender esse estado porque está fechada para enxergar além dos limites que impõe a si. Muitas vezes ela não aceita instrução e prefere se afastar da lei natural da vida.

A gratidão está ligada à abertura do coração e da alma. Conecte-se com o seu olhar para a vida, para si mesmo, para o mundo e para Deus com positividade, com a frequência vibracional elevada, podendo então experienciar e compartilhar a gratidão de maneira única e especial. Permita-se sentir verdadeiramente a gratidão e verá sua vida se desenvolver e prosperar em todos os sentidos.

Emanando gratidão

Viver corretamente, evidenciar o bem, respeitar e honrar o próximo, alegrar-se em todas as circunstâncias, entender os momentos difíceis, amar a si mesmo, compreender seus limites, viver em constante agradecimento: esses são exemplos de que você está emanando gratidão. Ser grato intensifica a sua ligação com o Universo e faz você sentir a felicidade verdadeira.

Ser grato pela vida, pelas pessoas que o cercam, por sua existência, pela sua saúde ou pela gentileza das pessoas é um estado perene de alma.

Quando o ser atinge a iluminação, ele vive em estado de gratidão o tempo todo. Ela é uma virtude, uma característica, um dom que se pode desenvolver e construir com a prática do bem na vida.

Para desenvolver esse dom dentro de nós, a gratidão ampla que por si só nos dá sensação de plenitude e alegria, precisamos vivenciar a vida no amor e na alegria, praticar a meditação, estudar, nos dedicar e acreditar no despertar da nossa consciência por meio da aceitação da vida. Aos poucos, você se alinha e compreende que emanar a gratidão é um movimento de dentro para fora, por isso você precisa silenciar a mente e externalizar os sentimentos sinceros que lhe fazem ser uma pessoa feliz e verdadeira. A gratidão é você construir um estado de alma pleno, procurando amar e compreender a si e a todos.

Quando a pessoa está em um estado de gratidão, ela se sente feliz sem entender de onde vem essa felicidade. Se você acorda alegre "sem ter motivo", está em contato com a divindade dentro de você e essa alegria se difunde por sua vida.

Quando você vive em um estado de alegria, sem ter algum motivo específico para se sentir dessa forma, é um sinal de que você está em sincronicidade com o Universo, uma sincronicidade amorosa. Dentro desse alinhamento, a sua vida acontece de maneira magnífica: se há amor e alegria, há conquistas e bom humor, há ações e oportunidades. Quando a gratidão está presente em você, uma expansão de vitalidade e plenitude se manifesta, e é dessa maneira que você desperta e acessa os recursos mais poderosos que existem e habitam sua alma.

Como se sentir grato?

Ser grato pela vida é se manter feliz em todos os momentos que você vivencia. O poder de ser grato muda tudo. Quando agradecemos pelas coisas que temos, pelas oportunidades diárias que acontecem em nossa vida, pela pessoa que somos – quando entendemos que ao valorizarmos esses acontecimentos vamos nos tornar cada vez melhores como seres humanos, encaramos a vida de modo diferente, com mais entusiasmo e alegria. Tudo tem importância enquanto experiência, todos os acontecimentos merecem o nosso olhar de compreensão, mas será que estamos atentos ao que está acontecendo à nossa volta? Será que somos realmente gratos pelas coisas e pelas experiências que temos? Quais foram as suas últimas conquistas? Você reconhece suas vitórias? Eu sei o quanto pode ser difícil seguir em frente, enfrentar os obstáculos, mas convido você a olhar um pouquinho para trás e perceber o quanto já conquistou, todas as vezes que almejou e alcançou algo que queria, as situações difíceis que enfrentou… Tenho certeza de que você vai reconhecer muitos motivos para sentir a gratidão. Os problemas que nos impedem de ser gratos são passageiros, muitas vezes não passam de fantasmas que ficam à nossa sombra; são pequenos degraus que nos levam a um lugar muito importante, muito maior que a nossa primeira percepção.

Não é raro a vida nos apresentar barreiras que nos impedem de visualizar e observar o verdadeiro sentido das coisas, mas tudo acontece somente por um motivo: nos fazer aprender e nos tornar melhores.

A vida é realmente muito interessante: ela não nos apresenta uma dificuldade com a qual não temos a capacidade de lidar.

Seja grato pelo seu passado, agradeça pelas coisas boas que aconteceram em sua vida e permitiram que você criasse memórias doces e felizes. E agradeça também pelas memórias ruins, os acontecimentos difíceis que permitiram que você fosse uma pessoa melhor hoje. Os dias ruins servem para nos trazer sabedoria e devem ser vivenciados com paciência e compreensão. É muito importante que você seja grato por todos os dias de sua vida, pois ambos os momentos levarão você até a luz e a plenitude de ser grato.

Agradeça todos os dias pelas pessoas que você tem, pelas oportunidades diárias, por suas conquistas, por seus amigos, pela chance de estar vivo. E mesmo quando as coisas não acontecerem da maneira que você esperava, mesmo que você passe por um momento muito difícil, apenas seja grato. Se eu puder oferecer a você um único conselho: seja grato por tudo que está ao seu redor e que lhe permite viver as próprias escolhas e lutar pelos seus sonhos.

O estado de gratidão

A gratidão é uma das maiores virtudes do ser humano porque ela reúne em um único sentimento a percepção da saúde, das coisas que existem no mundo, não importando a aparência ruim que elas possam apresentar. A sua percepção de algo, mesmo que seja ruim, é interpretada de maneira consciente e positiva. Você consegue sentir a saúde das coisas em todos os aspectos, e essa virtude só se alcança cultivando e vivendo verdadeiramente o poder de ser grato pela vida.

A gratidão, sendo uma das nossas maiores virtudes, também reúne dentro de um único sentimento a reverência ao fluxo do acontecer. Quando reverenciamos e compreendemos o fluxo do acontecer, saímos da posição de controle e apenas observamos as coisas como elas acontecem, respeitando o fluxo e entendendo que tudo acontece da melhor maneira possível. Sentir gratidão nos faz entender o carinho para com os fatos, com os acontecimentos, os animais e as pessoas que existem neste mundo; o indivíduo grato vivencia um carinho especial com todos os seres que habitam o mundo.

O estado de gratidão é viver em uma constante generosidade consigo, com os animais, as situações, os objetos e tudo o que existe de real em sua vida, fazendo seu ser evoluir e ser grandioso de alma e espírito. O indivíduo que vive o estado de virtude da gratidão está usufruindo de generosidade em tudo o que ele vivencia e encontra em sua jornada. Essa pessoa experimenta a amorosidade e observa quais os sentimentos que o permeiam e o fazem ser cada dia melhor.

Se você se sente amoroso, certamente está se sentindo grato. Dessa forma, vive e intensifica a comunhão desses sentimentos que geram, juntos, um efeito de luz e amor dentro de nós. A gratidão é o nosso estado mais iluminado de alma, é o nosso aspecto mais bonito e amoroso, é a energia que nos faz seres evoluídos e prósperos vivendo uma experiência única e especial.

Quem é Elainne Ourives?

Elainne Ourives é formada em Neurociências, Psicanálise, Ativismo Quântico – treinada pelo cientista indiano Amit Goswami – e em Desdobramento Quântico do Tempo – treinada pelo físico francês Jean-Pierre Garnier Malet. Também formada pelos doutores Joe Vitale, Mathew Dixon e Ihaleakala Hew Len na Global Sciences Foundation (Califórnia, Estados Unidos); é mestra em Lei da Atração e Treinadora de Treinadores em Law Of Attraction® Joe Vitale e Ho'oponopono. Elainne é autora best-seller da trilogia DNA – *DNA Milionário®*, *DNA da Cocriação®* e *DNA Revelado das Emoções®*, além de *Cocriador da realidade®*, *Algoritmos do Universo®* e *Taqui-Hertz®*, todos publicados pela Editora Gente.

Sua carreira é consolidada com pesquisas nos campos da Reprogramação Mental, Física Quântica e Neurociência. Possui mais de 200 livros digitais publicados e mais de 200 mil alunos participando de seus cursos, em 31 países, sendo mais da metade deles apenas no Treinamento Holo Cocriação®.

A autora é certificada como Mentora pelo HeartMath® Institute (Califórnia, Estados Unidos). Suas certificações são: Mentoria HeartMath Resilience™ e certificação Clínica HeartMath para Estresse, Ansiedade e Regulação Emocional HeartMath®. É mentora do Programa de Certificação on-line HeartMath de Intervenções para Profissionais da Área da Saúde e do Programa de Construção de Resiliência Pessoal.

Ativista Quântica e Multiplicadora oficial do Ativismo Quântico, treinada por Tom Campbell (ex-NASA), Gregg Braden, Bob Proctor, Joe Dispenza, Bruce Lipton, Deepak Chopra e Tony Robbins, a autora possui mais de 100 milhões de visualizações nos seus conteúdos e mais de 2 milhões de seguidores em todas as redes.

Atualmente, conta com mais de 100 mil depoimentos postados e documentados em redes sociais e mais de 2 mil validações científicas registradas em cartório!

Nota da Publisher

Você já agradeceu por algo hoje? Pode ser por um presente que ganhou, por um encontro inesperado ou simplesmente por mais um dia de vida. Não faltam evidências sobre o quanto a gratidão pode transformar nossas vidas, mas, em meio a um dia a dia corrido, é comum nos esquecermos de agradecer.

Para ajudá-lo nessa nova jornada, ninguém melhor do que a poderosa Elainne Ourives. Autora best-seller da casa, Elainne é capaz de emanar sua energia e seu brilho para multidões e fazê-los entrar no coração de cada um, assim como tenho certeza de que fará com você neste livro. Aqui, você está nas mãos de uma escritora influente, que arrasta fãs por onde passa e transforma a vida de milhões de pessoas todos os anos.

O meu ano de gratidão não é apenas um lembrete para ser grato, mas uma ferramenta poderosa, propícia para fazer você, leitor, transformar a gratidão em uma prática diária. É por isso que, nas páginas a seguir, você encontrará mais do que 365 dias de gratidão – mas um portal para o autoconhecimento, para o autoamor e para aflorar o seu poder de cocriação. Embarque nesta jornada e permita-se viver uma nova vida.

ROSELY BOSCHINI
CEO E PUBLISHER DA EDITORA GENTE

Metas para este ano

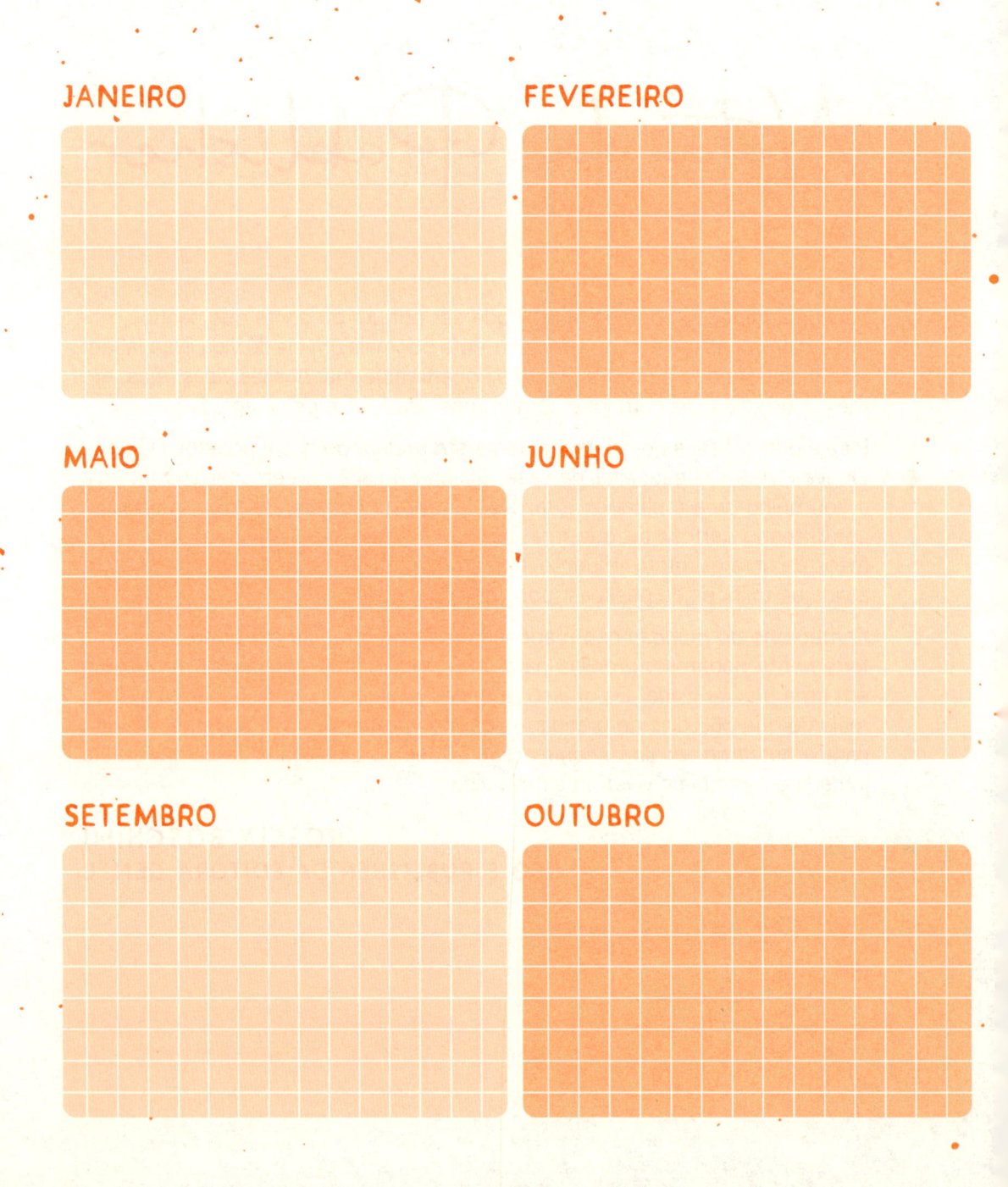

JANEIRO

FEVEREIRO

MAIO

JUNHO

SETEMBRO

OUTUBRO

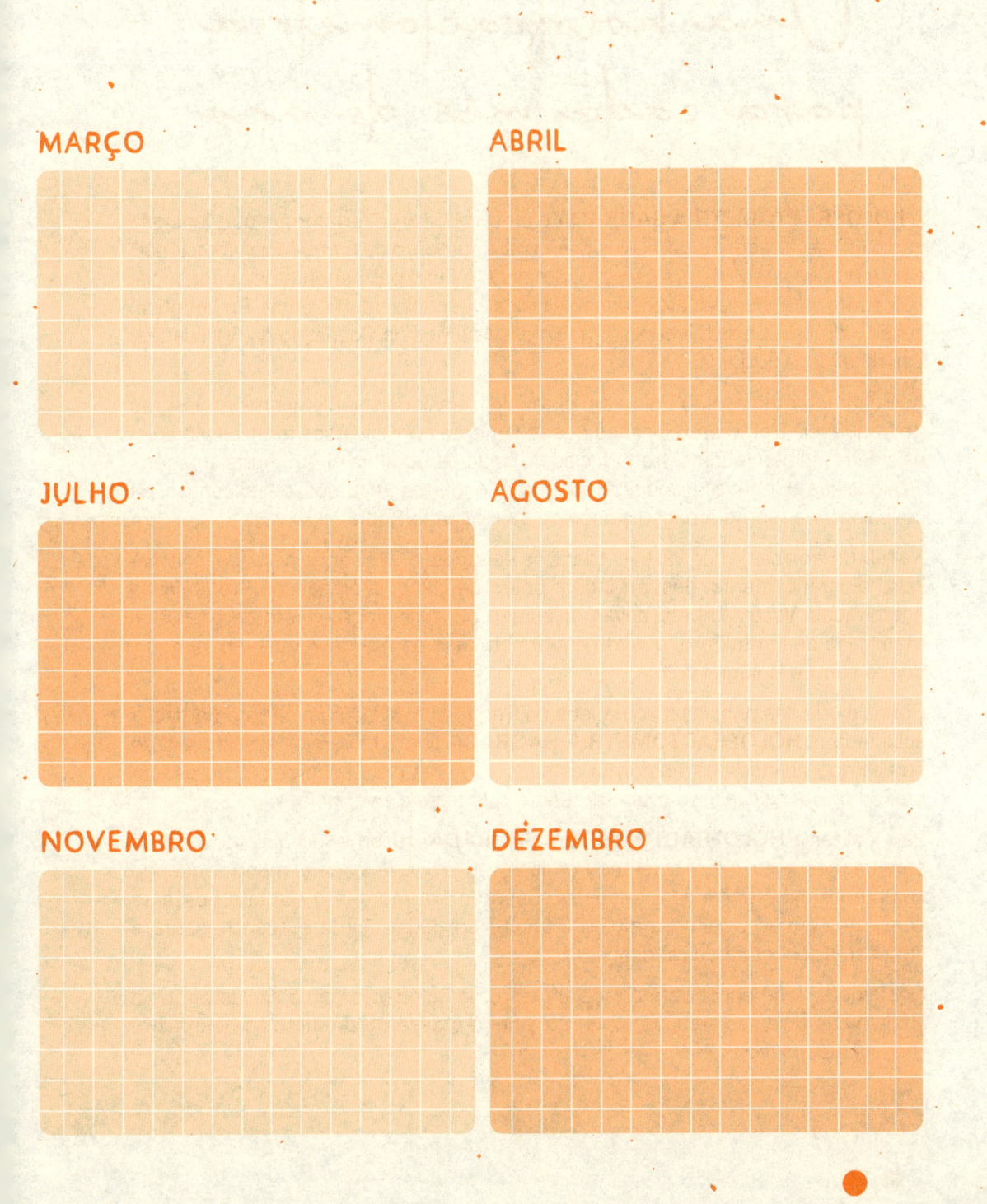

MARÇO

ABRIL

JULHO

AGOSTO

NOVEMBRO

DEZEMBRO

Uma holofractometria para cada mês do ano

A **HOLOFRACTOMETRIA SAGRADA** é uma importante ferramenta que funciona como um acelerador de partículas divino para aumento de Frequência Vibracional® e para manifestação de riqueza, prosperidade e fluxo permanente de abundância, pois conta com recursos avançados de Física Quântica, Neurociência, Epigenética, Lei da Vibração, Leis Universais, Princípios Máximos da Cocriação da Realidade e Espiritualidade Sagrada.

As holofractometrias são hologramas multidimensionais subliminares emissores de frequência Hertz, entrelaçados quanticamente com diversas terapias vibracionais. Elas incluem áudios, frequências de onda cerebral em 1.000 hertz, imagens arquetípicas, Fibonacci, códigos quânticos e outros recursos de expansão da consciência e reprogramação acelerada da realidade futura.

Na reprogramação, você vai usar todos os sentidos: ouvir, sentir, perceber e visualizar holograficamente, despertando o poder da glândula pineal com frequências energizadas. Você também ativará o estado de pura alegria, além de praticar a meditação de Ponto Zero, quando entrará em fase com o Universo e em sintonia com o seu Eu Holográfico®.

Com a ajuda dos principais comandos da frequência divina para a reprogramação acelerada, a **HOLOFRACTOMETRIA SAGRADA** libera bloqueios emocionais do seu campo quântico e transforma as suas sombras em luz universal, ao desdobrar o tempo e alcançar o futuro potencial que deseja viver hoje.

Para utilizar a **HOLOFRACTOMETRIA SAGRADA**, recomendo que você esteja sempre desperto e consciente. Por isso, sugiro fazê-la pela manhã, quando sua mente está renovada e desperta. Reserve um momento em que possa se concentrar e não ser interrompido. Procure um lugar calmo e aconchegante e sente-se em postura de meditação.

Nesta obra, você encontrará em cada mês uma holofractometria exclusiva que o ajudará nas diversas áreas da vida. De janeiro a dezembro, utilize as holofractometrias a seu favor!

janeiro

COCRIAÇÃO

Alinhe-se com a gratidão

Seus benefícios proporcionam a transformação da sua vida. Ao mudar sua frequência energética, você começa a atrair coisas positivas, com frequências elevadas e semelhantes ao que está agradecendo.

A gratidão é uma frequência no Universo que atrai a união e a sabedoria do nosso eu superior. Quando nos alinhamos com ela, somos capazes de dissipar as frequências de vítima e de culpa. Pode-se dizer que a gratidão é a chave que gira e abre a porta para o futuro; mas ela sozinha não vai trazer dinheiro, carro, relacionamento perfeito etc. Porque não é e jamais será "penso e acontece!". Tudo depende de um alinhamento energético.

A gratidão tem poder. Mas o que tem mais poder é pensar positivamente, visualizar o que você quer como se já estivesse acontecendo, alinhado com a congruência. O epifenômeno bioquímico cerebral é SER, em congruência com o que está emitindo.

Quando algo que você quer muito não acontece, você pensa se o mais importante está sendo feito? Se está indo ao encontro do que você quer? Ou acha que as coisas caem do céu? Acha que pode dormir o dia todo, reclamar o dia todo, ficar nas redes sociais emitindo julgamentos? Enquanto isso, existem pessoas sendo gratas, acordando cedo e trabalhando em busca do que querem. Pessoas positivas perante tudo, dando o seu melhor naquilo pelo que estão sendo pagas para fazer! Faz sentido?

Só recebemos o que damos, isso é lei! Para cada ação existe uma reação positiva ou negativa, essa é a lei de Newton. Tudo é dualidade!

A gratidão é um sentimento de reconhecimento e agradecimento por algum benefício adquirido por você por meio de alguém, podendo ser direcionada a Deus, como a gratidão pela vida e pelos acontecimentos positivos vivenciados.

A gratidão está relacionada diretamente com a valorização de quem você é e do olhar otimista em relação ao que ajuda você a ser uma pessoa melhor, plena e com paz de espírito. Podemos definir a gratidão então como um estado de espírito em todas as situações da vida, porque ela está baseada na ideia de aceitação, fé e alinhamento espiritual; e ela atrai também a abundância e a prosperidade, atrai o que precisamos no momento e irradia uma mensagem inconsciente que conecta-se a sincronicidade e aos milagres.

DEUS É A FREQUÊNCIA DO AMOR.

1

O CORPO ATRAI AQUILO QUE EU ESTOU SENTINDO.

2

GRATIDÃO.

3

EU SOU UM PORTAL PARA A LUZ.

4

EU SOU A PORTA ABERTA QUE
NENHUM HOMEM PODE FECHAR.

O QUE EU VIBRO E PENSO É O QUE REALIZAREI.

JANEIRO

5

EU SOU A GRANDE OPULÊNCIA DE DEUS,
OBRA VISÍVEL PARA MEU USO CORRETO.

O SENTIMENTO MANIFESTADO EM MIM
É O QUE CRIA A MINHA REALIDADE.

6

DEUS ESTÁ EM MIM.

7

EU SOU UM FLUXO ENERGÉTICO.

8

A TÉCNICA HERTZ É FEITA PARA
LIMPAR E ABRIR OS CAMINHOS.

9

" EU SOU A PODEROSA ENERGIA
FLUINDO, RENOVANDO CADA CÉLULA
DE MINHA MENTE E DE MEU CORPO. "

AGRADEÇA POR ESTAR VIVO.

10

AGRADEÇA POR RESPIRAR.

11

EU SOU O SENHOR DO MEU MUNDO.

SINTA-SE GRATO POR EXISTIR.

12

EU SOU A PRESENÇA MESTRA QUE ATINGIU A ESTATURA COMPLETA, E EU FALO E COMANDO COM AUTORIDADE.

O SER MAIS IMPORTANTE NESTA EXISTÊNCIA É VOCÊ.

13

 EU SOU O PODEROSO CÍRCULO MÁGICO DE PROTEÇÃO QUE ME ENVOLVE, QUE É INVENCÍVEL E AFASTA DE MIM TODO PENSAMENTO E ELEMENTO DISCORDANTE.

VOCÊ É ÚNICO NESTE UNIVERSO.

14

VOCÊ ESTÁ NO COMANDO.

15

EU SOU A INTELIGÊNCIA.

EU ME AMO.

16

 EU SOU A PRESENÇA VISÍVEL DESSES MUITO AMADOS MESTRES ASCENSIONADOS, A QUEM EU PEÇO QUE ME APAREÇAM AGORA.

EU SOU CAPAZ.

17

 EU SOU A SUPREMACIA DO HOMEM
AONDE QUER QUE EU VÁ.

EU SOU GRATO POR ESTAR VIVENCIANDO
EXPERIÊNCIAS INCRÍVEIS.

18

SOU GRATO.

19

O SENTIMENTO DE GRATIDÃO É PURO E VIVE EM MIM.

20

VOCÊ SABE AONDE QUER CHEGAR.

21

POR MEIO DO VIGOROSO PODER E DA INTELIGÊNCIA QUE EU SOU, EU SAIO ENQUANTO MEU CORPO DORME.

EU ESTOU NO CONTROLE.

22

 EU SOU O CINTO ELETRÔNICO PROTETOR.

VOCÊ DEVE SE DESAFIAR.

23

EU SOU O CINTO ELETRÔNICO PROTETOR EM TORNO DE MINHA FAMÍLIA. (DIGA O NOME DE QUEM QUER PROTEGER.)

DEUS É AMOR.

24

PENSAMENTOS CRIAM A REALIDADE.

25

" EU SOU O 'EU SOU' QUE ESTÁ
PRESENTE EM TODA PARTE. "

ESTOU AQUI PARA SER FELIZ.

26

A FÉ NOS MOVIMENTA.

27

EU SOU A SAÚDE PERFEITA AGORA MANIFESTADA
EM CADA ÓRGÃO DO MEU CORPO.

EU USO O PODER MENTAL A MEU FAVOR.

28

MINHA FREQUÊNCIA ESTÁ SEMPRE
ALINHADA COM O UNIVERSO.

29

EU SOU A INTELIGÊNCIA PERFEITA,
ATIVA NESTE CÉREBRO.

TUDO É VIBRAÇÃO.

EU REALIZO O QUE SINTO.

30

31

EU SOU A VISÃO
PERFEITA, ENXERGANDO
ATRAVÉS DESTES OLHOS.

EU SOU A AUDIÇÃO
PERFEITA, OUVINDO
ATRAVÉS DESTES
OUVIDOS.

fevereiro

EMPREGO

Sinta-se positivo e transforme a sua vida

Há quanto tempo você quer mudar sua vida, realizar aquele sonho especial, mas ainda não consegue materializá-lo? Você diz que pensa positivo, que luta para concretizar seus objetivos, mas nada de o sonho acontecer. Você se pergunta o que está fazendo de errado ou o que não está funcionando corretamente, já que você coloca empenho nas ações e positividade nos pensamentos. Você já prestou atenção em como se sente quando está pensando ou falando no seu "sonho dourado"? Como está a sua emoção? Como você tem se sentido em relação à sua vida? Está feliz? Sente-se merecedor do que deseja? Aceita-se como é? Ou você se recrimina, duvida de si e tem autoestima baixa?

Saiba que o seu sentimento é o que pode colapsar seu sonho. Não podemos esperar que o Universo se manifeste apenas de acordo com nossas intenções e ações; é preciso sentir-se pleno, merecedor, vitorioso e digno. Ninguém, por mais capacidade técnica e dinheiro que possua, consegue realizar feitos se não acreditar, antes de tudo, em si mesmo. A crença em si é o fermento do bolo, ou seja, por mais que você bata a massa do bolo durante muito tempo, use um forno potente e ingredientes de boa qualidade, de nada vai adiantar se você esquecer do fermento. O mesmo acontece com o seu desejo maior. Transformar pensamento em sentimento é alinhar e equiparar o aspecto racional ao sentimento. Se você pensa naquela linda casa que quer comprar, com todos os detalhes possíveis, e tem trabalhado duro há alguns anos para juntar dinheiro, mas não consegue se ver dentro dela, sentindo prazer de estar debaixo daquele teto com as pessoas que ama, desfrutando de cada cantinho daquela casa, então você não está colapsando o seu desejo.

Faça diferente: pense na casa como um lugar e não como um simples imóvel. Percebe a diferença entre casa e lar? Como na língua inglesa, por exemplo, *house* e *home*. *House* é a construção, o imóvel em si; já *home* é o lar e, neste sim, há um significado afetivo. Trazer da memória o significante (imagem) para o coração é lhe dar significado (sentimento).

O coração tem o poder de construir, tornar real tudo aquilo em que pensamos e que desejamos. Até para aprender, é necessário que façamos com o coração, pois é ele quem potencializa tudo aquilo que fazemos e que queremos construir.

O SEGREDO DOS MILAGRES ESTÁ DENTRO DE MIM.

1

2

3

 EU SOU A INTELIGÊNCIA E O OLHO
ONIVIDENTE QUE ENCONTRA TUDO
AQUILO QUE PRECISA ENCONTRAR...
(ESPECIFIQUE O QUE VOCÊ PERDEU.)

NUNCA FOI FÁCIL, SEMPRE FUI EU.

4

" EU SOU A ILUMINAÇÃO DESTE QUARTO
(OU CASA, ESCRITÓRIO ETC). "

EU CURO E LIMPO A MINHA MENTE.

5

« EU SOU A ILUMINAÇÃO VISÍVEL ATRAVÉS DESTE CORPO NESTE INSTANTE. »

ESTOU EM RESSONÂNCIA COM O UNIVERSO.

6

EU SOU O PODER E A PRESENÇA CONSUMIDORA DE TODA PARTÍCULA DE MEDO, DÚVIDAS E INCERTEZAS EM MINHA MENTE.

TENHO UMA FREQUÊNCIA DE SENTIMENTOS BONS.

7

TUDO É POSSÍVEL.

8

9

EU SOU A PRECIPITAÇÃO E A PRESENÇA
VISÍVEL DE TUDO O QUE DESEJO MANIFESTAR
E PESSOA ALGUMA PODE INTERFERIR NISTO.

ESTOU TOTALMENTE ALINHADO COM O MEU PROPÓSITO.

10

> **EU RECONHEÇO QUE EU SOU, ENTÃO ENTRO NO 'GRANDE SILÊNCIO', ONDE TEM LUGAR A MAIOR ATIVIDADE DE DEUS.**

EU CRIO A MINHA REALIDADE.

11

> A ESPERA INEXISTE, PORQUE AJO EM NOME DO 'EU SOU'.

VIVO EM EQUILÍBRIO.

12

HÁ SOMENTE UM PODER OU UMA ENERGIA PARA USARMOS, E ISTO VEM DA PRESENÇA DE DEUS 'EU SOU' EM NÓS.

MUDEI MINHA REALIDADE E HOJE ESTOU CONSTANTEMENTE ALINHADO COM A FREQUÊNCIA DOS MILAGRES.

13

« O 'EU SOU' É A MENTE INSONDÁVEL DE DEUS QUE A TUDO PODE ME REVELAR. »

SOU O COCRIADOR DOS MEUS
SONHOS E DAS MINHAS METAS.

14

A PRESENÇA 'EU SOU' É AQUILO
QUE DESEJO CRIAR.

O UNIVERSO É MARAVILHOSO.

15

A PRESENÇA 'EU SOU' É O CORAÇÃO DE DEUS EM AÇÃO EM MINHA VIDA AGORA.

EU USO O PODER MENTAL A MEU FAVOR.

16

MINHA VIDA É UM MILAGRE.

17

EU VIBRO NA FREQUÊNCIA DO AMOR E DA GRATIDÃO.

18

PENSAMENTOS E EMOÇÕES SÃO VIBRAÇÕES.

19

EU SOU A GUARDA INVENCÍVEL ESTABELECIDA E SUSTENTADA SOBRE MINHA MENTE, MEU CORPO, MEU LAR, MEU MUNDO E MEUS NEGÓCIOS.

TUDO É ENERGIA.

20

21

EU SOU O AMOR, A SABEDORIA E O PODER DIVINO, COM SUA INTELIGÊNCIA ATIVA QUE ATUA NESTE DIA EM CADA COISA EM QUE EU PENSE OU FAÇA.

EU SOU A MINHA MUDANÇA.

22

**O PODER NÃO ESTÁ LÁ FORA,
ELE ESTÁ DENTRO DE NÓS.**

23

GRANDE PRESENÇA 'EU SOU', RECEBO
SUA TODO-PODEROSA E INESGOTÁVEL
ASSISTÊNCIA QUE JAMAIS FALHA.

AQUILO QUE EU DESEJO PARA O OUTRO
É O QUE RETORNA PARA MIM.

24

SUBMETO-ME COMPLETAMENTE
À GRANDE PRESENÇA 'EU SOU'.

CONTINUAREI CAMINHANDO
INDEPENDENTEMENTE DO QUE ACONTECER.

25

O SUCESSO VEM COMO RESULTADO
DAQUILO QUE FAÇO HOJE.

26

QUANTO MAIS EU AJUDO AS PESSOAS, MAIS OS MEUS PROJETOS SE TORNAM REAIS.

27

« EU SOU A LUZ PURA, EM AÇÃO EXATAMENTE AQUI. »

VIVO A ERA DO
DESPERTAR DA
CONSCIÊNCIA.

EU SOU O ARQUITETO
DOS MEUS SONHOS.

28

29

EU SOU A REVELAÇÃO
PURA DE TUDO O QUE
DESEJO SABER.

EU SOU A LUZ,
O CAMINHO, A VERDADE.

março

SAÚDE

A gratidão é uma frequência no Universo

Não importa o que esteja acontecendo em sua vida, você precisa encontrar uma maneira de aceitar as circunstâncias e expressar gratidão por elas. Eu chamo isso de riqueza espiritual, de conexão com a frequência do todo, de Universo, de Deus... como você preferir chamar.

A gratidão tem vários benefícios nos aspectos físicos e emocionais, como a redução do nível de estresse, um fator ligado diretamente à preocupação e à ansiedade, tudo isso com um fundo de insatisfação. O sentimento de gratidão ajuda a reduzir o estresse, pois ameniza as situações adversas, deixando-as mais leves, além de valorizar o que você tem, e não deixá-lo frustrado pelo que não tem.

O nível mais profundo de gratidão é agradecer por todas as situações e pessoas em nossa vida. Fazendo isso, nos tornamos COCRIADORES. Tudo o que existe é consciência. Agradeça para entrar em um novo nível de aceitação, dissipando a dor e o sofrimento.

Isso nos permite tocar um espaço amoroso e pacífico em nosso interior, em que tudo o que vem diante de nós é amor e as almas que encontramos são companheiras da jornada, em busca de uma compreensão mais profunda, que nos impulsiona para o caminho de crescimento e de expansão.

Outro benefício notável é a autoestima. O sentimento de gratidão desenvolve uma valorização e uma melhor aceitação das coisas conquistadas por você. Sendo assim, inibe a sensação de falta e de escassez, que desenvolve sentimentos de tristeza e insatisfação.

Se sua autoestima aumenta, você não sente a necessidade de se comparar ao outro para que tenha base para agradecer; no lugar, você valoriza as suas escolhas e aquisições pessoais.

A gratidão é um sentimento que eleva a vibração do seu campo energético. Logo, seu maior benefício está em transformar sentimentos de tristeza, depressão, inveja etc. em algo positivo.

1

« EU SOU AGORA O SER
ASCENSIONADO QUE DESEJO SER. »

MARÇO

2

MARÇO

03

A GRATIDÃO É O SENTIMENTO
QUE AUMENTA A MINHA FREQUÊNCIA.

4

ESTOU LIBERTANDO CRENÇAS E BLOQUEIOS TODOS OS DIAS.

5

" A DIVINA PRESENÇA 'EU SOU', É A ÚNICA PRESENÇA EM AÇÃO QUE ATUA NO UNIVERSO E QUE DIRIGE TODA A ENERGIA. "

MARÇO

6

O MEU CORPO É ENERGIA.

7

“EU RESPIRO A HARMONIA DA VIDA.”

EU TENHO A MINHA PRÓPRIA FREQUÊNCIA VIBRACIONAL E ELA ME FAZ VIBRAR POSITIVAMENTE.

8

9

EU SOU A ÚNICA PRESENÇA
TODO-PODEROSA ATUANDO EM MINHA
MENTE, MEU CORPO E MEU MUNDO.

EU ALCANÇO A FELICIDADE COM MEUS PENSAMENTOS.

10

É O PODER DO 'EU SOU' QUE ATUA EM MINHA VIDA, POR ISSO SOU VITORIOSO.

A MINHA TRANSFORMAÇÃO FAZ SENTIR
E VIBRAR A FREQUÊNCIA DA ILUMINAÇÃO.

MARÇO

12

MARÇO

13

A FREQUÊNCIA ELEVADA É VIVENCIADA POR MIM A TODO INSTANTE.

14

EU SOU O PODEROSO CANAL DE JUSTIÇA, INCITANDO A TODOS, AGORA E PARA SEMPRE, QUE SIRVAM SOMENTE A CAUSA DA TERRA E A LUZ DE DEUS.

MARÇO

15

EU SOU O PRINCÍPIO FUNDAMENTAL E A ABSOLUTA CERTEZA DE LIBERDADE, AGORA.

O ESTADO DE ALINHAMENTO VIBRACIONAL E DA ILUMINAÇÃO É IMPRESCINDÍVEL.

16

'EU SOU' É A PRESENÇA ATIVA QUE GOVERNA PERFEITAMENTE TODA A MANIFESTAÇÃO EM MINHA VIDA E EM MEU MUNDO.

A VONTADE DIVINA DE SER ILUMINADO
AGE EM MINHA VIDA TODOS OS DIAS.

17

 EU SOU A ABUNDÂNCIA EM MEU MUNDO,
DE TODAS AS COISAS CONSTRUTIVAS QUE
EU POSSA CONCEBER OU DESEJAR.

SOU UM SER ESPECIAL VIVENDO UMA JORNADA ÚNICA.

18

EU SOU A RIQUEZA DE DEUS EM AÇÃO AGORA MANIFESTADA EM MINHA VIDA E EM MEU MUNDO.

MARÇO

19

A PRESENÇA 'EU SOU' É O RECONSTRUTOR SEGURO DA MINHA FÉ, CONFIANÇA, FORTUNA E DE TUDO SOBRE O QUAL DIRIGIR MINHA ATENÇÃO CONSCIENTE.

MARÇO

20

« EU SOU A RESSURREIÇÃO E A VIDA DOS MEUS NEGÓCIOS, DA MINHA COMPREENSÃO OU DE QUALQUER COISA PERTINENTE. »

MARÇO

21

EU SOU PENSAMENTOS E SENTIMENTOS CRIADORES
E PERFEITOS, PRESENTES NA MENTE E NO CORAÇÃO
DE TODOS E EM TODOS OS LUGARES.

MARÇO

22

« EU SOU A PODEROSA LEI DA DIVINA JUSTIÇA E PROTEÇÃO, ATUANDO NA MENTE E NO CORAÇÃO DE TODOS. »

APRECIAR O TODO ME FAZ SER FELIZ E REALIZADO.

23

EU SOU O AMOR DIVINO, PREENCHENDO A MENTE E O CORAÇÃO DOS INDIVÍDUOS EM TODOS OS LUGARES.

SINTO A IMPORTÂNCIA DAS COISAS
SIMPLES EM MINHA VIDA.

24

 EU SOU O PODER DE DEUS TODO-PODEROSO
EM AÇÃO AQUI E AGORA, O ÚNICO PODER
CAPAZ DE AGIR EM MINHA VIDA.

MARÇO

25

EU SOU A MEMÓRIA CONSCIENTE, O USO E A COMPREENSÃO NO EMPREGO DE TODAS AS COISAS QUE FAÇO. (RELATE O QUE ESTÁ TRABALHANDO/ESTUDANDO/FAZENDO.)

EU CONTEMPLO O NÍVEL MAIS SIMPLES DA VIDA, O AGORA.

26

« A PRESENÇA 'EU SOU' ME VESTE COM O MEU ETERNO E TRANSCENDENTE TRAJE DE LUZ. »

SINTO O VENTO E OBSERVO OS PÁSSAROS VOAREM COM TRANQUILIDADE: ESSE É MEU EQUILÍBRIO EMOCIONAL.

27

A MORADA SECRETA DO ALTÍSSIMO
É A PRESENÇA 'EU SOU'.

ESTOU SINTONIZADO E PREPARADO PARA AS INFINITAS POSSIBILIDADES QUE O UNIVERSO ME RESERVA.

28

AS COISAS SAGRADAS ME SÃO REVELADAS COMO PÉROLAS, PORQUE EU SOU O EQUILÍBRIO PERFEITO DE LINGUAGEM E DE AÇÃO EM TODAS AS OCASIÕES.

MARÇO

29

EU SOU A PRESENÇA PROTETORA
QUE ESTÁ SEMPRE ALERTA.

ESTOU SINTONIZADO COM OS MEUS PENSAMENTOS E ATRAIO PARA MINHA VIDA TUDO O QUE SINTO.

O UNIVERSO CRIA SITUAÇÕES CONECTADAS COM OS MEUS PENSAMENTOS.

30

31

 EU SOU A JUSTIÇA.

EU SOU O RADIANTE ESPLENDOR QUE PREENCHE TODAS AS COISAS EM MANIFESTAÇÃO.

abril

A alegria é o antídoto para o medo e para a depressão

Quando sentimos alegria, vibramos nossas células em 540 hertz, tudo flui, estamos no PODER, no fluxo do bem-estar. Do contrário, quando estamos com medo, ficamos densos, pesados, vibramos em 100 hertz e, por isso, temos de fazer FORÇA para as coisas acontecerem e tudo se torna muito difícil.

O medo e a dificuldade surgem se você não desfruta a vida. Se você desfruta a vida, o medo desaparece.

Sendo assim, seja positivo e AME mais, desfrute mais, se DIVIRTA mais, agradeça mais, aprecie mais, ria mais, dance mais, cante mais.

Torne-se mais e mais "entusiástico", uma mistura de entusiasmado com fantástico!

Está feito! A vida consiste em pequenas coisas, e, se você puder unir a elas a qualidade da alegria, o total será EXTRAORDINÁRIO. O segredo está em agradecer e apreciar o que temos, sem focar nos problemas. Mudança de frequência nos coloca instantaneamente onde queremos!

O que você escolhe hoje?

Eu escolho agradecer pelo sol, pela vida, pelos meus alunos, pela minha equipe, pelos meus filhos e pela minha linda família!

Sou grata por mais um dia lindo em minha vida!

Olhe ao seu redor agora e agradeça por cinco coisas que estejam no seu campo de visão! Compartilhe pelo que você é grato hoje: escreva, visualize, aprecie, contemple e sinta! Mude a frequência do seu dia, vibre acima de 540 hertz!

EU ATIVO QUE O PODER DA ABUNDÂNCIA
SE MANIFESTE EM MINHA VIDA.

1

EU SOU A VIDA QUE FLUI ATRAVÉS
DE TODA MANIFESTAÇÃO.

ABRIL

2

 EU SOU A INTELIGÊNCIA QUE GOVERNA TODA ATIVIDADE, INTERIOR E EXTERIOR, TORNANDO-A UMA ATIVIDADE PERFEITA.

03

EU SOU A ENERGIA INESGOTÁVEL,
GOVERNADA PELA TUA MARAVILHOSA
E INFINITA INTELIGÊNCIA.

EU ESCOLHO VIVER UMA VIDA TRANQUILA.

4

AMADA PRESENÇA 'EU SOU', EXPANDE ESSA LUZ NA PLENA ILUMINAÇÃO DO CORPO E DA MENTE, ELEVANDO-A À TUA ATIVA, PERFEITA E ETERNA ROUPAGEM.

ESTOU VIVENCIANDO O MEU PROCESSO COM AMOR E GRATIDÃO.

5

ESTOU SEMPRE APRENDENDO COM A VIDA.

6

TENHO BONS SENTIMENTOS E ESTOU SEMPRE ALINHADO COM SITUAÇÕES BOAS.

7

« EU SOU A PRESENÇA QUE ORDENA, A ENERGIA INESGOTÁVEL, A SABEDORIA DIVINA, FAZENDO COM QUE MEU DESEJO SEJA CUMPRIDO. »

TODOS OS DIAS BUSCO UMA VERDADE MAIOR QUE ME FAÇA SER AINDA MAIS FELIZ.

8

NA PRESENÇA 'EU SOU' AGORA PERMANEÇO, INATINGÍVEL POR QUALQUER CONDIÇÃO EXTERNA PERTURBADORA.

ABRIL

9

EU SOU SERENO, TRANQUILIZO-ME E CONFIO NA AÇÃO PERFEITA DA LEI, ORDENANDO QUE TUDO O QUE ESTIVER NO INTERIOR DO MEU CÍRCULO MANIFESTE-SE NA PERFEITA ORDEM DIVINA.

O UNIVERSO ESTÁ CHEIO DE POSSIBILIDADES.

10

 EU SOU A FORÇA, A CORAGEM E O PODER DE AVANÇAR COM FIRMEZA ATRAVÉS DE TODAS AS EXPERIÊNCIAS.

ABRIL

11

EU SOU A EXALTAÇÃO ESPIRITUAL, PLENO DE PAZ E HARMONIA EM TODOS OS MOMENTOS, PELA GLORIOSA PRESENÇA QUE EU SOU.

ABRIL

12

TUDO O QUE EU SINTO SE MANIFESTA NA MINHA EXPERIÊNCIA DE VIDA E CORRESPONDE À MINHA FREQUÊNCIA VIBRÁTIL.

13

« EU SOU A PERFEIÇÃO DO MEU MUNDO, E ELE É AUTOSSUSTENTADO. »

ABRIL

14

EU SOU A INESGOTÁVEL ENERGIA E
INTELIGÊNCIA SUSTENTANDO-ME.

15

ABRIL

« EU SOU O PRINCÍPIO VITAL NESTE MEU CORPO, EM TODA A PARTE, ATÉ NO CORAÇÃO DE DEUS. »

ABRIL

16

17

ABRIL

LEMBREM-SE: É A PRESENÇA 'EU SOU'
QUEM GOVERNA A PRECIPITAÇÃO DO
OURO E O FAZ CIRCULAR LIVREMENTE.

TUDO O QUE ACONTECE É IMPORTANTE
PARA EU ME MANTER ALINHADO.

18

ABRIL

19

PELO 'EU SOU', O UNIVERSAL 'EU SOU', O GRANDE UNO, EU ORDENO A ESSE PODER PARA AGIR EM TODA A HUMANIDADE.

ABRIL

20

SOU UM SER LIVRE E FAÇO AS MINHAS
ESCOLHAS PAUTADAS NO AMOR.

21

" EU SOU A PRESENÇA GUARDIÃ
QUE CONSOME IMEDIATAMENTE TUDO
O QUE TENTE ME PERTURBAR. "

MINHA REALIDADE É CRIADA
ATRAVÉS DA MINHA PERMISSÃO.

22

MANTENHO-ME NO ALEGRE ENTUSIASMO
DA MINHA PRESENÇA 'EU SOU'.

23

ABRIL

EU SOU A MILAGROSA PRESENÇA, TRABALHANDO EM TUDO AQUILO QUE NECESSITO REALIZAR.

SER GRATO É CONHECER O
VERDADEIRO SENTIDO DA VIDA.

24

EU SOU A ESSÊNCIA DE
TUDO AQUILO QUE DESEJO.

ABRIL

25

"EU AMO A PRESENÇA DE DEUS EM AÇÃO,
A PRESENÇA 'EU SOU' EM TODA PARTE
PRESENTE, AMANDO PROFUNDAMENTE."

EU VIBRO EM RESSONÂNCIA COM A FREQUÊNCIA VIBRÁTIL DA ABUNDÂNCIA, DA ALEGRIA, DO AMOR E DA PROSPERIDADE.

26

'EU ESTOU AQUI E EU ESTOU LÁ', ASSIM, SEMPRE TENHO O AUXILIO ONDE SE FIZER NECESSÁRIO, JÁ QUE O 'EU SOU' TAMBÉM ESTÁ NO ÍNTIMO DOS MEUS IRMÃOS.

EU VISUALIZO OS MEUS SONHOS E ASSIM ELES SE REALIZAM.

27

> **EU SOU A PRESENÇA ILUMINADORA PELA QUAL TUDO O QUE EU NECESSITE SABER ME É REVELADO, JÁ QUE EU SOU A SABEDORIA.**

EU COLAPSO AS FUNÇÕES DE ONDAS QUE ME FAZEM FELIZ.

28

> **EU SOU O PODER REVELADOR QUE TUDO APRESENTA DIANTE DE MIM, PARA QUE EU POSSA COMPREENDER E ATUAR DE ACORDO.**

EU UTILIZO A FÓRMULA CERTA PARA
COLAPSAR AS ONDAS POSITIVAS.

29

'EU SOU' É A ÚNICA INTELIGÊNCIA
E PRESENÇA EM AÇÃO.

ABRIL

30

maio

Técnica da gratidão

Transforme toda reclamação do dia em gratidão. Como assim?

Como vou agradecer se estou insatisfeito? Essa é a grande descoberta que faz verdadeiros milagres acontecerem.

Você inicialmente vai manipular seu cérebro, ou seja, vai transformar uma situação negativa em positiva. Lembre-se de que você tem milhões de neurônios e, se todos forem ativados negativamente, a sua vida ficará cada vez mais negativa: essa é a Lei da Atração. Quanto mais reclamação fizer, mais reclamações apareçem. E se você manipular seu cérebro? Bom, então terá mais motivos para agradecer, por causa da Atração. Isso é fantástico! E você pode começar neste exato momento!

Qual sua reclamação de hoje que será transformada em gratidão? Tudo, tudo mesmo, tem um lado positivo!

Técnica da visualização

Com os olhos fechados, visualize o seu desejo realizado (compra da casa ou do carro, dívida paga, emprego dos sonhos, passar em concurso). Pode ser qualquer desejo que almeje.

É muito importante que essa visualização seja sentida com emoção, afinal, para sua mente, ela está acontecendo de verdade! Crie rotinas no local, visualize os detalhes, converse com pessoas, tudo na sua imaginação.

Por que algumas pessoas não conseguem visualizar?

- Não acreditam de verdade, acham que será impossível acontecer;

- Desejam algo errado, pois pensam que gostam de tal coisa, mesmo que não seja assim;

- Nunca vivenciaram a situação (ex: andar em um carro de luxo).

1

« **EU SOU A INTELIGÊNCIA E O PODER QUE PRODUZ A PERFEIÇÃO EM MEUS TRABALHOS E NENHUMA OUTRA ATIVIDADE EXTERIOR PODE IMPEDI-LA.** »

MAIO

2

3

" EU SOU A PRESENÇA PONDO EM
ORDEM E SANANDO ESTA SITUAÇÃO. "

EU TENHO O PODER DE PENSAR E
CRIAR INSTANTANEAMENTE QUANDO
PERDOO E LIMPO O MEU LIXO EMOCIONAL.

4

5

MAIO

6

7

EU SOU A LUZ QUE ILUMINA CADA CÉLULA
DE (DIGA O NOME DE QUEM DESEJAR).

EU ESTOU FOCADO VISUALIZANDO E SENTINDO OS MEUS DESEJOS.

8

9

> « EU SOU A SUBSTÂNCIA ONIPRESENTE, ILIMITADA,
> QUE EMPREGO PARA MOLDAR A FORMA. »

TUDO QUE EU EMANO RETORNA
NA MESMA FREQUÊNCIA.

10

EU SOU A FORÇA E
A COMPREENSÃO PERFEITAS.

QUANDO PENSO EM AMOR E HARMONIA É ISSO QUE VOLTA PARA MIM.

11

EU SOU A HABILIDADE A SER APLICADA CONSTANTEMENTE.

12

> « EU SOU A VERDADE QUE ME DÁ
> AGORA A LIBERDADE PERFEITA. »

13

« EU SOU A PORTA ABERTA À LUZ DE DEUS QUE NUNCA FALHA E EU RENDO GRAÇAS POR TER PENETRADO PLENAMENTE NESTA LUZ, USANDO COMPREENSÃO PERFEITA. »

MAIO

14

15

EU SOU A AUDIÇÃO, OUVINDO OS SINOS DA LIBERDADE QUE EU AGORA POSSUO.

MAIO

16

EU SOU A CAPACIDADE DE SENTIR A MAIS EMBRIAGADORA FRAGRÂNCIA À VONTADE.

17

A PARTIR DO MOMENTO QUE SINTO MEDO
OU ESCASSEZ, EU ESTOU TORNANDO POSSÍVEL
A MANIFESTAÇÃO DESSES SENTIMENTOS.

18

" EU SOU O PLENO CONHECIMENTO,
PODER E USO DE TODA ESSA PERFEIÇÃO. "

19

MAIO

« EU SOU A REVELAÇÃO PLENA E O USO DE TODOS OS PODERES DO MEU SER — QUE EU SOU. »

MAIO

20

« EU SOU O AMOR, O MAGNO PODER MOTRIZ, POR DETRÁS DE TODA AÇÃO. »

21

MAIO

« EU SOU O CETRO, A CHAMA INEXTINGUÍVEL,
A LUZ DESLUMBRANTE, A PERFEIÇÃO
QUE UMA VEZ CONHECI. »

22

23

MAIO

EU SOU A ACELERAÇÃO DAS CÉLULAS DE MINHA ESTRUTURA CEREBRAL, QUE A FAZ EXPANDIR-SE E RECEBER A DIREÇÃO INTELIGENTE DA PODEROSA PRESENÇA INTERNA.

24

 EU SOU O MESTRE INTERIOR GOVERNANDO E CONTROLANDO TODA A SEQUÊNCIA DE MEUS PENSAMENTOS NA PERFEIÇÃO DE CRISTO, INTEGRALMENTE, COMO DESEJO QUE ELES SEJAM.

25

MAIO

EU SOU A MANIFESTAÇÃO PERFEITA ATUANDO EM (NOMEIE PESSOA OU COISA).

MAIO

26

EU SOU A ENERGIA PERFEITA DE
CADA SOPRO QUE RESPIRO. EU SOU A
ATMOSFERA PURA DO MEU MUNDO.

27

MAIO

ESTOU CONSTANTEMENTE APRENDENDO A LIDAR COM MEUS PENSAMENTOS.

MAIO

28

 EU SOU A PERFEIÇÃO ATUANDO ATRAVÉS DE TODOS OS MEUS FUNCIONÁRIOS.

29

MAIO

EU SOU A PERFEIÇÃO DA DIVINA
PRESENÇA E RECUSO ACEITAR QUALQUER
COISA MENOS QUE ESTA PERFEIÇÃO.

SE EU NÃO MUDO DE DENTRO PARA FORA, NADA PODE MUDAR.

EU VIVO E TENHO TUDO QUE SEMPRE QUIS.

30

31

EU SOU O MILAGRE E EU SOU A PRESENÇA DETERMINANDO SUA MANIFESTAÇÃO ATRAVÉS DO AMOR, SABEDORIA E PODER DIVINO.

EU SOU A ALEGRIA, A CORAGEM E A CONFIANÇA QUE PENETRA TODA A TERRA, ENCHENDO O CORAÇÃO DOS HUMANOS, CONSUMINDO TODO PENSAMENTO DE DEPRESSÃO OU CARÊNCIA.

junho

Como materializar todos os meus sonhos?

Antes de mais nada, primeiro é preciso saber o que é uma onda: ela é energia e informação em forma de infinitas possibilidades que permeiam todo o Universo. Por exemplo: um átomo é energia e informação e também é autoconsciente, pois pode se agrupar a outros átomos e dar formas a infinitas possibilidades.

Quando penso, crio algo, tudo em que eu pensei já está criado. Porém, quando envolvo esse ou qualquer outro pensamento, qualquer criação minha, com uma emoção, seja ela negativa ou positiva, transformo essa criação em um desejo! O próprio Universo é uma grande onda de energia e informação, com infinitas possibilidades. Quando eu, essa extensão física desse mesmo Universo, penso sobre qualquer coisa, estou cocriando. Ou seja, eu agora também crio qualquer coisa, assim como o Universo me criou envolvendo pensamentos em emoções. Esse meu pensamento é também uma onda que emito, que tem infinitas possibilidades, iguais às do Universo. Não existe nada pura matéria, tudo é átomo, tudo é energia que está em uma velocidade específica para a minha leitura vibracional. Se eu me mantiver na mesma frequência, na mesma vibração do Universo, que é puro bem-estar, eu a percebo, a manifesto e a materializo, realizando meu desejo. Se eu mesma descolapsar a função de onda, pensando em algo que não me traz bem-estar, já não existe mais interferência construtiva, eu já não percebo mais a minha criação, e então sinto a falta disso. Todas as minhas emoções negativas são minha própria resistência ao fluxo de bem-estar, só existe um fluxo. Eu só posso incluir mais…

E assim eu só crio mais a sensação, a vibração de falta do que eu mesma já criei. Então, posso dizer: "Eu posso ter…" ou "Eu realmente gostaria de ter…" ou "O que eu realmente quero é…".

E assim posso nomear qualquer coisa que possa conjurar, e o Universo calmamente me dirá: "Aqui está o seu desejo", porque ele é conhecido por tudo o que é.

1

« EU SOU A PRESENÇA QUE PROCLAMA A
CONSCIENTE DIVINDADE ATIVA EM MANIFESTAÇÃO
EM TODA PARTE. E ASSIM SERÁ! PORQUE: EU SOU
A SUPREMA PRESENÇA CONQUISTADORA. »

JUNHO

2

3

« EU SOU A LEI DO PERDÃO E DA CHAMA CONSUMIDORA DE TODA AÇÃO DESARMONIZADA DA CONSCIÊNCIA HUMANA. »

JUNHO

4

5

JUNHO

JUNHO

6

7

JUNHO

EU SOU A PRESENÇA DOMINANTE, QUE MANTÉM O CONTROLE DE MINHA MENTE E MEU CORPO ETERNAMENTE.

JUNHO

8

9

« MINHA VIDA É UMA
MANIFESTAÇÃO DA VERDADE. »

NÃO É O QUE VOCÊ ESTÁ FALANDO QUE VAI AUTOSSABOTAR VOCÊ, MAS SIM O QUE VOCÊ SENTE SOBRE O QUE FALA.

10

 A PRESENÇA 'EU SOU' É A INTELIGÊNCIA QUE DIRIGE ESTA ENERGIA PARA UM DETERMINADO PROPÓSITO.

11

JUNHO

EU SOU A PRESENÇA DIVINA QUE PREPARA
O CAMINHO E ESTABELECE CONTATO VISÍVEL
COM OS AMADOS MESTRES ASCENSIONADOS.

JUNHO

12

SUSTENTO-ME ÚNICA E EXCLUSIVAMENTE COM A MINHA PODEROSA PRESENÇA 'EU SOU', A PODEROSA PERFEIÇÃO QUE ME MANTÉM LIVRE PARA SEMPRE DE TODA IDEIA OU SUBMISSÃO A QUALQUER LIMITAÇÃO.

EU PRECISO ESTAR ATENTO PARA NÃO CRIAR UMA REALIDADE DE VÍTIMA NOS MOMENTOS DIFÍCEIS.

13

 A PODEROSA PRESENÇA 'EU SOU' É A ROCHA FIRME SOBRE A QUAL POSSO PERMANECER A SALVO, LIVRE DOS ABISMOS QUE CONSTITUEM AS MAQUINAÇÕES EXTERNAS.

JUNHO

14

“ O MEU CORAÇÃO SE MANTÉM LIGADO COM FIRMEZA À INVENCÍVEL PRESENÇA 'EU SOU', QUE PREENCHE TUDO E É A ÚNICA VIDA EM MEU SER. ”

EU ME ACEITO DO JEITO QUE SOU, COM AS VIRTUDES E AS DIFERENÇAS QUE POSSUO.

15

 FIXO MINHA ATENÇÃO EM MINHA AMADA PRESENÇA 'EU SOU', AQUELA QUE ME PERMITE ALCANÇAR AS ALTURAS DA VIDA ETERNA.

JUNHO

16

17

JUNHO

JUNHO

18

UNIDO À MINHA PODEROSA PRESENÇA 'EU SOU', NÃO HÁ CONDIÇÃO, FORÇA OU PRESENÇA NA TERRA OU NO CÉU CAPAZ DE IMPEDIR MINHA MARAVILHOSA REALIZAÇÃO.

19

JUNHO

EU POSSO FAZER A ESCOLHA DA
MINHA VIDA O TEMPO TODO.

JUNHO

20

« EU SOU A PODEROSA PRESENÇA
'EU SOU' EM AÇÃO. »

21

JUNHO

EU SOU A PRESENÇA DE DEUS ANULANDO TODA PREVISÃO OU SUGESTÃO NEGATIVA SOBRE O MEU SER, O MEU LAR E O MEU MUNDO.

JUNHO

22

 EU SOU A ÚNICA PRESENÇA ATUANDO AQUI.

23

JUNHO

JUNHO

24

25

" A PRESENÇA 'EU SOU' GOVERNA TODAS AS ENERGIAS QUE EXISTEM EM MANIFESTAÇÃO. ELA GOVERNA TUDO. "

JUNHO

26

ESTA SITUAÇÃO NÃO FOI ATRAÍDA: EU A CRIEI. TUDO QUE VIVO É CRIADO POR MIM, A GRATIDÃO ME ELEVA, O MEU SENTIMENTO DE ALEGRIA CRIA A MINHA REALIDADE.

27

 EU ABSORVO EM MINHA MENTE E MEU CORPO A FORÇA DA EXPLOSÃO DE LUZ DA MINHA PRESENÇA 'EU SOU'.

JUNHO

28

O PENSAMENTO É FEITO DE ÁTOMO; O ÁTOMO É FEITO DE ENERGIA; O PENSAMENTO É ENERGIA VIBRANDO NA FREQUÊNCIA QUE EU EMITO.

29

A RIQUEZA SEMPRE BATE À MINHA PORTA.

JUNHO

30

 ORDENO À MINHA MEMÓRIA EXTERNA QUE RETENHA E TRAGA PARA MINHA CONSCIÊNCIA TUDO QUANTO PRECISO SABER DA MINHA PRESENÇA 'EU SOU'.

julho

HARMONIA

Você é poderoso, você é incrível!

Quando você estiver pronto, tudo aquilo de que mais precisa chegará até você. Acredite, isso é real! Mas o que fazer enquanto isso? Apenas torne-se a sua melhor versão. Talvez você não compreenda nem observe os pequenos milagres diários que acontecem à sua volta, que o Universo sabiamente provém, para levar até você a sua verdade, a sua cura, o seu despertar.

Como? Modifique o ângulo. Faça diferente, exercite um sentimento novo, uma emoção nova, uma experiência nova, uma atitude melhor diante daquilo que você vem há algum tempo fazendo no piloto automático e, cá para nós, nem observa que não vem dando certo. Você pode me dizer que não faz a menor ideia de como ou de onde começar. Eu entendo você, acredite! Porém, lhe garanto, com toda a certeza do mundo, que você pode e tem tudo de que necessita agora para começar sua mudança, exatamente onde está.

O que você tem hoje? Consegue olhar para sua vida hoje e honrá-la? Encontre formas. Seja grato! A gratidão abre portas. Perdoe, liberte-se; o perdão liberta você e não o outro. Sempre o perdão será em seu benefício maior, não do outro. Você pode me perguntar: "Como ser grato sem trabalho, sem comida, sem um teto, ou com um problema de saúde?".

Afirmo a você que sempre há pelo que agradecer. As possibilidades estão todas à sua volta, você só precisa escolher aquilo que quer enxergar. Ajuste as lentes pelas quais tanto reclama e escolha ver uma nova realidade. É somente dar o primeiro passo, para que todo o processo de transformação se inicie à sua volta.

Deepak Chopra, médico e filósofo indiano, renomado estudioso do corpo e da mente, afirma que o mundo físico, incluindo o nosso corpo, é um reflexo de nossas percepções, nossos pensamentos e nossos sentimentos. Não há nenhuma realidade objetiva "lá fora" que é independente do observador.

Ao contrário, nós criamos nosso corpo conforme criamos nossa experiência do mundo. A todo momento, impulsos de inteligência estão criando nosso corpo. Ao modificar os padrões desses impulsos, nós podemos nos modificar. Somos dotados de tudo aquilo de que precisamos agora para sermos melhores, necessitamos apenas fazer uma escolha. Assuma responsabilidade diante de sua vida! Você não é vítima de nada nem de ninguém. Você foi criado à imagem e semelhança do Criador. Comece com nada, comece sozinho, comece sem saber se vai conseguir, até mesmo sem saber para onde vai, apenas comece, tenha certeza de que deseja mudar sua realidade atual. Basta você querer, basta você iniciar. A partir do momento que você decidir, tudo à sua volta começará a se manifestar para levá-lo adiante. Seja o astro, seja aquele que conduz, que abre e que traça o caminho. Você foi feito para isso. Você tem tudo de que precisa.

Não acredita? Sua força está em você, basta acessá-la!

Qual é a sua força?

E se você soubesse, qual seria sua força?

Pare por alguns minutos e visualize você com esse superpoder!

A GRAVIDADE É UM CAMPO ELETROMAGNÉTICO ESPERANDO PELAS MINHAS BOAS INTENÇÕES.

1

JULHO

 EU SOU A PRESENÇA AQUI QUE MANTÉM MINHA ROUPA E MEU LAR IMACULADAMENTE LIMPOS.

JULHO

2

AMADA PRESENÇA 'EU SOU', CARREGUE
(ESTE ALIMENTO, LÍQUIDO OU COISA)
COM AMOR, ENERGIA, PODER ETC.

QUANTO MAIS ABUNDÂNCIA EU TENHO, MAIS
DAQUILO QUE EU QUERO É POTENCIALIZADO.

3

AMADA PRESENÇA 'EU SOU', EU SEI QUE MINHA
ORDEM ESTÁ ATUANDO COM TODO PODER.

A CRENÇA QUE VOCÊ TEM CRIA A
SUA PERCEPÇÃO DE REALIDADE.

4

EM MEU ÍNTIMO HÁ FORÇA E PODER PARA
REALIZAR O CRISTO EM ATIVIDADE, E A
PODEROSA PRESENÇA 'EU SOU' ME GARANTE
TODA A ASSISTÊNCIA NECESSÁRIA.

5

EU SOU A PRESENÇA HARMONIOSA QUE PREVALECE SEMPRE SOBRE QUALQUER CONDIÇÃO.

6

EU SOU A PRESENÇA GOVERNANTE DIRIGINDO NA PERFEITA ORDEM DIVINA, COMANDANDO A HARMONIA, A FELICIDADE E A PRESENÇA DA OPULÊNCIA DE DEUS EM MINHA VIDA.

JULHO

7

EU SOU A PRESENÇA GOVERNANTE E TENHO A COMPLETA CERTEZA DE QUE COLOQUEI EM AÇÃO TODO O PODER E A INTELIGÊNCIA DE DEUS PARA MANIFESTAÇÃO DOS MEUS SONHOS.

8

JULHO

EU SOU A PRESENÇA CONQUISTADORA, EU ORDENO A ESTA PRESENÇA 'EU SOU' QUE GOVERNE PERFEITAMENTE MINHA MENTE, MEU LAR, MEUS NEGÓCIOS E MEU MUNDO.

JULHO

9

EU SOU A SOMA DOS MEUS CORPOS (EMOCIONAL, ESPIRITUAL E MENTAL).

10

JULHO

 EU SOU PRESENÇA PENSANDO ATRAVÉS DESTA MENTE E DESTE CORPO.

JULHO

11

AMADA PRESENÇA 'EU SOU', LIBERE AGORA O PODER DA PERFEIÇÃO QUE EXISTE NO INTERIOR DOS ELÉTRONS, NO CENTRO DOS ÁTOMOS, DISSOLVENDO E CONSUMINDO AS FALSAS IDEIAS.

12

JULHO

JULHO

13

14

JULHO

JULHO

15

16

17

« EU SOU A PRESENÇA DO PERDÃO NA MENTE E NO
CORAÇÃO DE CADA UM DOS FILHOS DE DEUS. »

18

JULHO

 EU SOU A MENTE PURA DE DEUS.

EU TENHO UMA MENTALIDADE DE
SUCESSO E ABUNDÂNCIA.

JULHO

19

EU SOU A PODEROSA PRESENÇA DE DEUS,
SEMPRE PACIENTE E ANIMADA PERANTE
QUALQUER ADVERSIDADE.

20

JULHO

JULHO

21

22

JULHO

« EU ESTOU ACONCHEGADO NO GRANDE
ABRAÇO DA AMADA PRESENÇA 'EU SOU'. »

JULHO

23

24

« EU SOU A PRESENÇA GOVERNANTE
DE (NOMEIE O LUGAR). »

O INDIVÍDUO QUE VIVE NA FREQUÊNCIA DA GRATIDÃO JÁ ELIMINOU MUITAS DAS AMARRAS QUE O MANTÊM EM DESILUSÕES DO MUNDO EXTERNO.

25

26

JULHO

JULHO

27

28

« EU SOU SEMPRE CONVOSCO, PORQUE A PRESENÇA 'EU SOU' QUE EU SOU E QUE VÓS SOIS É UNA. »

JULHO

29

30

JULHO

> SINTO COM PROFUNDA SINCERIDADE A VERDADE DA PRESENÇA 'EU SOU', E VERIFICO QUE A QUIETUDE AUMENTA CADA VEZ MAIS E MAIS.

31

JULHO

**GRANDE E MAGISTRAL PRESENÇA 'EU SOU'
O QUE EU SOU! EU TE AMO, EU TE ADORO!**

agosto

ESPIRITUALIDADE

Sinta-se próspero

Seja grato pelo que tem! Entenda que, por mais que pareçam ser coisas pequenas e insignificantes, elas são suas! Para se sentir verdadeiramente grato, basta se lembrar de que há pessoas que não têm nem isso, que não têm nem um teto ou um prato de comida.

Sentir-se próspero, sentir-se abundante, agradecer pelas coisas que já tem e pelas que não tem como se já as tivesse são as únicas coisas que podem ser feitas para que você passe a ser abundante.

Eu sei que pode parecer estranho e até absurdo, mas é assim que funciona. Reprogramar sua mente e suas emoções no presente é o que lhe possibilitará acessar a prosperidade e ter abundância no futuro. O que sai de você através do seu campo eletromagnético retorna! Não há como emanar escassez e receber riqueza.

Jesus disse: "Peça crendo que já recebeu".

É assim que nós criamos a realidade que desejamos. Para materializar nossos sonhos, precisamos vibrar na mesma frequência em que eles se encontram.

> **"Tudo é energia e isso é tudo que há. Sintonize a realidade que você deseja e inevitavelmente é a realidade que você terá. Não tem como ser diferente. Isso não é filosofia. É física."** – FRASE COMUMENTE ATRIBUÍDA A ALBERT EINSTEIN

1

AGOSTO

> AMADA PRESENÇA 'EU SOU', RECONHEÇO TUA SUPREMACIA TOTAL E TEU COMANDO SOBRE TODAS AS COISAS.

AGOSTO

2

PODEROSA PRESENÇA 'EU SOU', QUE TODO AMOR, LUZ, BEM E RIQUEZAS SE DERRAMEM EM MINHA VIDA E A EXPERIÊNCIA POR UM PODER PROPULSOR INTERNO QUE NADA PODE IMPEDIR.

03

« GRANDE PRESENÇA 'EU SOU', QUE JÁ RESOLVEU OS MEUS PROBLEMAS ANTES MESMO DE CHEGAREM A MIM, ORO PARA QUE MOSTRE-ME O CAMINHO QUE DEVO SEGUIR. »

AGOSTO

4

EU SOU A PODEROSA PRESENÇA, ENERGIA E AÇÃO
SOLUCIONANDO TODOS OS MEUS PROBLEMAS.

5

AGOSTO

AGOSTO

6

ATRAVÉS DA BELEZA E DA INTELIGÊNCIA QUE EU SOU, ORDENO-VOS ASSUMIR PERFEITA BELEZA DE FORMA EM CADA CÉLULA DE QUE SOIS COMPOSTOS.

7

« EU SOU O FOGO E A BELEZA DE VOSSOS OLHOS, PROPAGANDO A ENERGIA RADIANTE A TODOS OS QUE VOS OLHAREM. »

CRIAR NOSSOS SONHOS ESTÁ TOTALMENTE RELACIONADO À ACEITAÇÃO, AO PERDÃO, À HARMONIA E À GRATIDÃO.

8

 EU SOU SEMPRE A PRESENÇA GOVERNANTE.

9

A PRESENÇA 'EU SOU' ATUA SOBRE CADA
UMA DAS CÉLULAS DO MEU CORPO.

A ENERGIA GERADA ENTRE VOCÊ E O SEU DESEJO SEMPRE RETORNA EM MAIS POSSIBILIDADES.

AGOSTO

10

....
....
....
....
....
....
....
....
....
....
....
....
....
....
....
....
....
....
....
....

COMPREENDO QUE A PRESENÇA 'EU SOU'
CONHECE TUDO POR TODA A ETERNIDADE,
EM TODOS OS PERCURSOS PASSADOS,
PRESENTES E FUTUROS, SEM LIMITES.

11

AGOSTO

CONTEMPLO A PRESENÇA 'EU SOU'
E COMPREENDO QUE ELA É TODA
AMOR, SABEDORIA E PODER.

O PRIMEIRO PASSO PRECISA SER DADO A PARTIR DE ONDE VOCÊ ESTÁ. ACREDITE E AJA EM DIREÇÃO A SONHOS E METAS PESSOAIS.

AGOSTO

12

13

AGOSTO

 EU SOU, EU SOU, E EU SEI QUE EU SOU LIVRE DE (DESCREVA O MAL QUE O AFLIGE) AGORA E PARA SEMPRE.

AGOSTO

14

O 'EU SOU' É TUDO O QUE EXISTE E ESTÁ
PRESENTE EM TODA PARTE, VISÍVEL E INVISÍVEL.

15

AGOSTO

EU AFIRMO A PRESENÇA 'EU SOU' COM SENTIMENTO E CONHECIMENTO DA VERDADE, COLOCANDO, ASSIM, EM ATIVIDADE FÍSICA E VISÍVEL A PRESENÇA E O PODER DE DEUS.

O COMPROMETIMENTO CONSIGO É O ÚNICO MEIO DE PROSPERAR VERDADEIRAMENTE.

16

EU SOU A ONIPRESENTE E ILIMITADA OPULÊNCIA DO PAI PARA MEU USO.

17

AGOSTO

> APLICO AGORA, CONSCIENTEMENTE,
> O USO DA PRESENÇA 'EU SOU' COMO MEU
> SUPRIMENTO ONIPRESENTE E ILIMITADO,
> SEJA DE DINHEIRO, AMOR OU LUZ.

AGOSTO

18

AMADA PRESENÇA 'EU SOU', CLAMO AGORA POR LUZ, AMOR, SABEDORIA, PODER E ILUMINAÇÃO.

19

AGOSTO

"EU SOU A VITORIOSA PRESENÇA CONQUISTADORA EM QUALQUER EMPREENDIMENTO QUE DESEJO."

VOCÊ DEVE DESPERTAR, ALMEJAR, LIMPAR, INTENCIONAR E SOLTAR SEUS MAIS PROFUNDOS DESEJOS.

AGOSTO

20

21

AGOSTO

EU SOU AGORA O DOMÍNIO PLENO DE TODA APLICAÇÃO QUE EU FAÇA.

AGOSTO

22

 EU SOU A PRESENÇA EM TODA ORDEM QUE DOU, CUMPRINDO-A, PREENCHENDO-A.

23

AGOSTO

 EU SOU A PRESENÇA QUE ME PERMITE VER OU OUVIR COM A VISÃO E A AUDIÇÃO INTERNAS.

AGOSTO

24

AMADA PRESENÇA 'EU SOU', PEÇO-LHE
DISCERNIMENTO QUANTO AO PLANO
A SEGUIR BEM COMO A MANEIRA DE
QUALIFICAR A CIRCUNSTÂNCIA.

25

AGOSTO

 A AMADA PRESENÇA 'EU SOU' É O PERFEITO EQUILÍBRIO, É O PODER, É A INTELIGÊNCIA, É O AMOR QUE GOVERNA TODA PERFEIÇÃO. »

NÓS VIVEMOS EM VIBRAÇÕES DE HERTZ QUE PODEM NOS FORTALECER PARA CONQUISTARMOS O QUE DESEJAMOS.

AGOSTO

26

 TENHO MINHA PRESENÇA 'EU SOU', QUE É ONI-INTELIGENTE, PORTANTO, SOU IMPERMEÁVEL A SUGESTÕES DE QUALQUER ESPÉCIE, SEJAM BOAS OU MÁS.

27

OH, PRESENÇA 'EU SOU', PRESENÇA
INFINITA, PRESENÇA HABITÁVEL! TUA LUZ
É ONIPENETRANTE, TUA OPULÊNCIA DE
SUBSTÂNCIA É ONIPRESENTE E ONIPENETRANTE.

É POSSÍVEL CRIAR QUALQUER REALIDADE
MATERIAL A PARTIR DE UM OCEANO PRIMORDIAL
DE ENERGIA DE POTENCIAL INFINITO.

28

 EU SOU A PRESENÇA MESTRA DOMINADORA E
SEMPRE VITORIOSA; IMEDIATAMENTE ENCONTRO
A FORÇA PARA ENFRENTAR SEJA O QUE FOR QUE
APAREÇA, E PROSSIGO SERENA E DESTEMIDAMENTE.

29

« O 'EU SOU' É A GRANDE E PODEROSA PRESENÇA 'EU SOU' ANCORADA NO CORAÇÃO DE CADA UM DOS FILHOS DE DEUS. »

SEJA O SEU MOTIVADOR.

A FREQUÊNCIA VIBRACIONAL É A SOMA DAQUILO QUE EU ESTOU PENSANDO, FALANDO, SENTINDO, AGINDO E VIVENDO.

AGOSTO

30

31

setembro

MENTAL

Um sonho não se realiza sem confiança

Imagine-se pedindo a alguém um favor, dinheiro emprestado, por exemplo, e a pessoa dizendo que vai fazer um depósito em sua conta bancária somente no dia seguinte. Não tem jeito: você terá de esperar o outro dia, o passar das horas, o horário de funcionamento bancário, mesmo que seja para transações on-line. Nesse caso, vai adiantar você olhar o saldo a cada trinta minutos? Irá antecipar a transferência do valor se você ligar para o seu amigo às 7 horas da manhã, ou ficar enviando mensagens? Não! Isso só irá aborrecer e desgastar sua relação com alguém que vai lhe prestar um favor. Nessa situação, sua ansiedade, que gera descrença e insegurança, só atrapalha a realização de seu desejo.

Moral da história: ou você confia e entrega ou vai retardar ainda mais a criação dessa realidade tão esperada.

Soltar o sonho consiste exatamente em fazer a sua parte, que é manter-se em estado de equilíbrio com alegria e positividade, agradecendo pelo que ainda não recebeu como se já tivesse recebido, e entregando nas mãos da existência, do Criador, de modo totalmente confiante. Continue alimentando o seu sonho, vivendo e não dependendo dele para ser feliz, pois quanto mais preso a ele, mais dificuldades você cria no seu campo energético para vibrar na mesma sintonia, trazendo-o até você.

Não há necessidade de vigiar os traços do Universo para conferir se ele está operando de maneira satisfatória, de acordo com seu ponto de vista, para executar seu propósito. O Universo é perfeitamente inteligente no cumprimento de metas e sonhos e sabe como e o que deve fazer para tudo acontecer. Não se pode ter controle total sobre a vida. Muitas coisas que não estavam previstas acontecem, inclusive surpresas boas, eventos inesperados que não faziam parte do nosso roteiro e que caíram do céu.

A não resistência e o acolhimento de tudo o que nos acontece, mesmo que naquele momento não se compreenda muito bem, é uma escolha inteligente a se fazer. E, quando isso acontecer, pergunte o que mais você está precisando aprender com aquela situação desagradável pela qual está passando, porque algum aprendizado e aprimoramento você necessita tirar, algo que você precisa transmutar de negativo para luz plena.

Mostre para a vida a sua confiança nela, agradeça por tudo: pelo ar que respira, pela sua visão, pelo fato de poder ser ator da própria história, pelo salto quântico que você deu, por ter expandido sua mente, pelo seu despertar e por ter a oportunidade de acessar o conhecimento que o levará a colapsar o seu sonho.

Confie: solte o seu sonho!

1

❝ 'EU SOU' A PRESENÇA EM GUARDA. ❞

CANCELE EMOÇÕES E PENSAMENTOS NEGATIVOS PARA MATERIALIZAR DESEJOS UNIVERSAIS.

2

SETEMBRO

« EU SOU INVULNERÁVEL A QUALQUER PERTURBAÇÃO REPENTINA. »

3

« EU SOU A PRESENÇA QUE NADA PODE PERTURBAR. »

4

'EU SOU' GOVERNANDO AQUI.

SETEMBRO

QUERER APRESSAR O RECEBIMENTO DOS SEUS SONHOS SEM LIMPAR O CAMPO ENERGÉTICO NÃO LEVARÁ VOCÊ AO ALINHAMENTO DA LEI UNIVERSAL.

6

SETEMBRO

 EU SOU PROTEGIDO INVENCIVELMENTE CONTRA TODA SUGESTÃO IMPERFEITA.

7

AMADO **CRISTO**, EU VOS LOUVO
E ACEITO A LUZ DA VOSSA PRESENÇA,
A PLENA ATIVIDADE 'EU SOU'.

VOCÊ ESTÁ EM POSIÇÃO DE RECEBIMENTO PARA A CHEGADA DOS SEUS SONHOS?

8

SETEMBRO

EU SOU A PRESENÇA LEVANDO (DIGA O NOME DA PESSOA) À VITÓRIA DE (DIGA A REALIZAÇÃO OU CONDIÇÃO).

9

SETEMBRO

 EU SOU A PRESENÇA ASCENSIONADA.

10

SETEMBRO

A PRESENÇA 'EU SOU' É A FORÇA EMANANTE AUTOSSUSTENTADA, POR MEIO DA QUAL POSSO ALCANÇAR O DOMÍNIO COMPLETO.

11

SETEMBRO

COLOCO AGORA EM AÇÃO EM MINHA VIDA A
PODEROSA PRESENÇA 'EU SOU' PARA CORRIGIR
TUDO AQUILO QUE SEJA INFERIOR À PERFEIÇÃO.

12

SETEMBRO

 EU ACEITO A PLENA ATIVIDADE DE MINHA
PODEROSA PRESENÇA 'EU SOU'.

13

AMADA PRESENÇA 'EU SOU', CONSOME E REQUALIFICA TODA ESSA ENERGIA COM LIBERDADE, PROTEÇÃO E PERFEIÇÃO PARA O BRASIL E PARA O MUNDO INTEIRO.

14

EU SOU A PODEROSA PRESENÇA ORDENANDO O TEMPO, TODO O TEMPO DE QUE NECESSITO PARA A REALIZAÇÃO E APLICAÇÃO DESTA PODEROSA VERDADE.

O FLUXO DA ABUNDÂNCIA E DA
PROSPERIDADE TRAZ A PESSOA CERTA ATÉ VOCÊ.
NÃO É SORTE, É A LEI DA SINCRONICIDADE.

15

SETEMBRO

« EU SOU A ÚNICA INTELIGÊNCIA
E PRESENÇA EM AÇÃO. »

SINCRONIZAR ACONTECIMENTOS, ATOS
E EVENTOS DEPENDE APENAS DO QUE VOCÊ
DESEJA E INTENCIONA. O UNIVERSO SE MOVIMENTA.

16

SETEMBRO

17

PRESENÇA 'EU SOU', QUE ISTO SEJA GOVERNADO
HARMONIOSAMENTE (ESPECIFIQUE A SITUAÇÃO).

18

SETEMBRO

 DOU TODO O PODER DO MEU LIVRE-ARBÍTRIO À MINHA AMADA PRESENÇA 'EU SOU O QUE EU SOU', E RECUSO PARA SEMPRE A ACEITAR QUALQUER OUTRA COISA.

19

SETEMBRO

QUANDO VOCÊ DESEJA ALGO E ACREDITA NISSO,
COMEÇA A EXALAR ESSA ENERGIA PRÓSPERA PARA OS
CANAIS REPRODUTORES DA PROSPERIDADE INFINITA.

20

GRANDE PRESENÇA 'EU SOU', TOMAI-ME
DENTRO DE VÓS, INSTRUÍ-ME E FAZEI COM
QUE EU RETENHA A MEMÓRIA COMPLETA
DESTAS INSTRUÇÕES INTERIORES.

21

SETEMBRO

« EU SOU A ÚNICA E ETERNA AUTOSSUSTENTADA VIDA EM AÇÃO. »

O QUE VOCÊ QUER? QUAL É O SEU SENTIMENTO E O QUE VOCÊ ESTÁ FAZENDO PARA REALIZAR OS SEUS DESEJOS?

22

« EU SOU A VIDA ETERNA,
QUE NÃO TEM PRINCÍPIO NEM FIM. »

23

SETEMBRO

 EU SOU A PRESENÇA DO AMOR DIVINO EM TODO MOMENTO.

SETEMBRO

24

25

SETEMBRO

26

27

SETEMBRO

'PEÇAM, E LHES SERÁ DADO; BUSQUEM, E ENCONTRARÃO;
BATAM, E A PORTA LHES SERÁ ABERTA.' AMADA
PRESENÇA 'EU SOU', OUVE-ME, DEUS! MANIFESTA-TE
E CUIDA DE (DESCREVA SEUS PROBLEMAS).

SETEMBRO

28

 EU SOU A LUZ, O CAMINHO, A VERDADE.

29

« EU SOU A ASCENSÃO NA LUZ. »

30

SETEMBRO

 A SAÚDE É MEU ESTADO NATURAL.

outubro

PROPÓSITO

Alguns exercícios e técnicas...

1. Aumentar vibração

Tire cinco minutos para elevar a sua vibração:

Sente-se confortavelmente e feche os olhos. Respire profundamente algumas vezes para ajudar a limpar e dissipar qualquer tensão que esteja sentindo. Então, silenciosamente, repita a palavra AMOR para si mesmo, entre cada inspiração e expiração, permitindo que o amor entre e irradie de dentro para fora. Basta respirar a palavra amor. Sinta o amor. Sinta-se tornando mais leve e mais feliz a cada respiração.

2. Exercício poderoso: aumente sua frequência e limpe memórias (Ho'oponopono)

Use várias vezes:

"Sinto muito. Me perdoe. Te amo. Sou grato." Você pode destacar uma que lhe toca mais naquele momento e repeti-la. Deixe sua intuição guiar o exercício.

Quando você diz "Sinto muito", reconhece que algo (não importa o quê) penetrou no seu sistema, corpo e mente. Você quer o perdão interior pelo que lhe trouxe aquilo.

Ao dizer "Me perdoe", você não está pedindo a Deus para perdoá-lo: você está pedindo a Deus para ajudá-lo a se perdoar.

"Te amo" transmuta a energia bloqueada (que é o problema) em energia fluida, religa você ao Divino.

"Sou grato" é a sua expressão de gratidão, é a fé de que tudo será resolvido para o bem maior de todos os envolvidos.

A partir de agora, o que acontecer a seguir é determinado pela Divindade.

3. Comandos

Repita durante vinte e um dias a Ativação Quântica de Luz, o que chamamos de Comando Metafísico para reprogramação de DNA.

COMANDO

Fonte criadora, CRIADOR de tudo o que é, eu DECRETO, a partir deste instante (falar o decreto diário). Eu sou a prosperidade... Eu sou...

Comando INTEGRA

Fonte criadora, CRIADOR de tudo o que é, (falar a emoção ou o sentimento negativo que deseja eliminar) está CANCELADO, ACABOU, APAGADO.

Comando TRANSFORMA

Entrar em campo de Ponto Zero (ausência total de pensamentos, ativado pela mente).

4. Afirmação Quântica

A mente de Deus está em minha mente e isso significa a expressão de algo melhor em mim do que fui antes. Sou filho do Criador e somente coisas extraordinárias acontecem comigo. Sinto muito. Me perdoe. Te amo. Sou grato.

CONTAR OS PROBLEMAS É UM VÍCIO. QUEBRE OS PADRÕES E FALE DE SUAS ALEGRIAS.

1

" EU SOU A PRESENÇA QUE NUNCA FALHA OU ERRA. "

2

EU SOU SEMPRE O MAJESTOSO PODER
DO AMOR PURO QUE TRANSCENDE TODO
CONCEITO HUMANO E ME ABRE A PORTA
À LUZ DENTRO DE SEU CORAÇÃO.

03

OUTUBRO

4

" EU SOU A PRESENÇA ILUMINADORA E REVELADORA
MANIFESTADA COM TODO O PODER. "

5

« DEUS, A PODEROSA PRESENÇA 'EU SOU', GOVERNA
COM INVENCÍVEL PODER EM TODO LUGAR,
NO CORAÇÃO E NA MENTE DA HUMANIDADE. »

6

OUTUBRO

 MEU CORPO É FORTE, SAUDÁVEL E RECEPTIVO
ÀS HOSTES CÓSMICAS DO ÉTER DIVINO,
UMA PERFEITA EXPRESSÃO DO PODER
DIVINO DO PODEROSO 'EU SOU'.

OUTUBRO

7

MEU MUNDO ESTÁ REPLETO SOMENTE DA PERFEIÇÃO DE MINHA PODEROSA PRESENÇA 'EU SOU'.

8

OUTUBRO

> CHAMO AGORA PELA MINHA PODEROSA
> PRESENÇA 'EU SOU' À AÇÃO EM MINHA VIDA,
> AMBIENTE E ATIVIDADE, CESSANDO TODA LUTA.

PARA ABRIR OS PORTAIS E SE CONECTAR COM O FLUXO DA PROSPERIDADE, VOCÊ PRECISA ESTAR ALINHADO ENERGETICAMENTE.

9

10

OUTUBRO

A CHAVE QUE ABRE TODAS AS PORTAS É O AMOR DIVINO, QUE RECONHEÇO AGORA NA MINHA VIDA, O 'EU SOU', A PLENITUDE DO PODER DO AMOR DIVINO EM AÇÃO EM MINHA VIDA AGORA.

12

MINHA PODEROSA PRESENÇA 'EU SOU'
É A VERDADE, O CAMINHO E A VIDA.

13

OUTUBRO

MINHA PODEROSA PRESENÇA 'EU SOU' É A LUZ QUE
ILUMINA TODO SER HUMANO QUE VEM AO MUNDO.

EU USO PENSAMENTOS E CRENÇAS POSITIVAS PARA MANIFESTAR UMA VIDA BOA.

14

OUTUBRO

« MINHA PODEROSA PRESENÇA 'EU SOU' É A LUZ, É A INTELIGÊNCIA QUE ME DIRIGE, É MINHA ENERGIA SUSTENTADORA INESGOTÁVEL. »

15

OUTUBRO

MINHA PODEROSA PRESENÇA 'EU SOU'
É A INTELIGÊNCIA DENTRO DE MEU
CORAÇÃO, É A LUZ QUE ME ENVOLVE
EM SUA PRESENÇA LUMINOSA.

16

MINHA PODEROSA PRESENÇA 'EU SOU' É A
FONTE DA ETERNA JUVENTUDE E BELEZA,
QUE POSSO CHAMAR À AÇÃO E EXPRESSÃO,
EM MINHA FORMA HUMANA.

17

OUTUBRO

 MINHA PODEROSA PRESENÇA 'EU SOU' É A RESSURREIÇÃO E A VIDA DE MEU CORPO, EM MEU MUNDO DE ATIVIDADE, DENTRO DAQUELA PERFEIÇÃO QUE MEU CORAÇÃO TANTO DESEJA. ,,

18

OUTUBRO

MINHA MENTE É UM VEÍCULO DA GRANDE E PODEROSA PRESENÇA 'EU SOU' E OBEDEÇO A ESTA PRESENÇA INTERIOR A TODO O MOMENTO.

AS OPORTUNIDADES ESTÃO SEMPRE CHEGANDO ATÉ MIM.

19

OUTUBRO

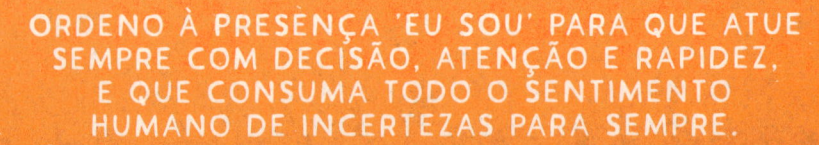

ORDENO À PRESENÇA 'EU SOU' PARA QUE ATUE SEMPRE COM DECISÃO, ATENÇÃO E RAPIDEZ, E QUE CONSUMA TODO O SENTIMENTO HUMANO DE INCERTEZAS PARA SEMPRE.

20

OUTUBRO

 O PODER ILIMITADO DA PODEROSA PRESENÇA
'EU SOU' FLUI NA MINHA VIDA E ME DÁ AQUILO
QUE ESTOU PRONTO PARA RECEBER.

21

HOJE EU ABENÇOO A MINHA VIDA.

22

 TUDO AO MEU REDOR COLABORA
PARA MEU SUCESSO.

OUTUBRO

23

A PAZ E O AMOR SÃO
MEUS MELHORES AMIGOS.

24

OUTUBRO

« EU SEMPRE ALCANÇO AQUILO QUE DESEJO. »

25

OUTUBRO

26

OUTUBRO

 EU ABENÇOO CADA PROJETO MEU.

EM SITUAÇÕES NEGATIVAS, EU SEMPRE ACHO OPORTUNIDADES PARA CRESCER E APRENDER.

27

OUTUBRO

TUDO EM QUE PONHO MINHAS MÃOS PROSPERA.

28

OUTUBRO

MEUS PENSAMENTOS SÃO
PODEROSOS E SE REALIZAM.

OUTUBRO

29

 EU ATRAIO TUDO AQUILO QUE EU DESEJO.

30

OUTUBRO

 EU TENHO FÉ NA VIDA.

31

OUTUBRO

 EU ME SINTO BEM E FELIZ.

novembro

Somos arquitetos dos nossos sonhos

Caro leitor, parece sonho ou o mundo perfeito de *Alice no País das Maravilhas*, mas você pode, sim, criar ou cocriar com a energia suprema do Universo a própria realidade. Esse fato não é um milagre religioso, nem uma mega fantasia hipnótica coletiva, mas algo comprovado pela ciência e desvendado pela Física Quântica por meio do experimento da dupla fenda e do olhar do observador (você) perante à realidade.

Nesse experimento foi comprovado que o átomo se comporta, ao mesmo tempo, como partícula (matéria) e como ondas de energia. Tal comportamento depende, exclusivamente, do olhar ou da energia transferida pelo observador (você) para o átomo ou para o conjunto de átomos para a formação do objeto ou da realidade determinada.

De maneira bem simples e didática, na prática, o que isso significa?

Significa que você, a partir do olhar e da atenção desprendida a algo, algum acontecimento, objeto ou pessoa, constrói e arquiteta a realidade desejada, consciente ou inconscientemente, no plano material da vida na Terra. Por essa ótica, tudo o que conhecemos, desde uma cadeira, um carro, uma casa, o corpo humano e os planetas, seja perceptível ou não ao olho nu, se forma por meio da organização magnética de energia e vibração. Quem gerencia a composição dessas partículas em algo sólido ou em algum acontecimento da vida somos nós, consciências originais da fonte criadora de tudo e de todas as coisas.

Somos aptos e plenamente capazes de cocriar tudo, desde riqueza, prosperidade, abundância até o próprio caos interno e, consequentemente, dificuldades no mundo externo, na vida. Tudo depende do desejo, do foco direcionado de energia, dos sentimentos emanados ao Universo e de vivenciar o que se busca, mesmo quando algo ainda não se materializou no plano físico.

Na verdade, essa visão cartesiana da realidade se torna indiferente quando se compreende a existência do campo de infinitas possibilidades e o entendimento de que tudo é possível e permanece em superposição de partículas, antes de virar matéria em nosso plano. Afinal, na Física Quântica, existem as infinitas possibilidades que dependem apenas de você para se transformar em verdade.

1

NOVEMBRO

 EU ATRAIO AS PESSOAS CERTAS.

2

AS PESSOAS SÃO BOAS
COMIGO O TEMPO TODO.

3

NOVEMBRO

 EU TENHO CORAGEM PARA VIVER A VIDA.

4

NOVEMBRO

5

NOVEMBRO

 EU TENHO A PESSOA DOS MEUS SONHOS.

6

NOVEMBRO

 EU GANHO TODO O DINHEIRO DE QUE PRECISO E DESEJO.

7

NOVEMBRO

08

NOVEMBRO

 TODAS AS COISAS JÁ ME FORAM DADAS.

9

« 'EU SOU' DEUS EM AÇÃO. »

ESTOU ME TRANSFORMANDO EM UMA PESSOA ALTAMENTE HABILIDOSA.

10

NOVEMBRO

 MINHA SAÚDE É PERFEITA.

11

 MEU CORPO É FORTE E BONITO.

12

13

NOVEMBRO

 A FELICIDADE É MINHA ROTINA.

NOVEMBRO

14

 EU SOU BONITO.

15

NOVEMBRO

“ EU SOU FELIZ. ”

MEU AUTOCONTROLE ESTÁ FICANDO CADA DIA MAIS FORTE.

NOVEMBRO

16

 MINHA VIDA É ABUNDANTE.

17

NOVEMBRO

 A CADA INSTANTE EU FICO MAIS RICO.

18

NOVEMBRO

 EU ME SURPREENDO COM O QUANTO
O DINHEIRO É ATRAÍDO A MIM.

19

NOVEMBRO

 EU ME SINTO AMADO E DESEJADO.

EU ESTOU REPARANDO NO QUANTO ME SINTO FELIZ E OTIMISTA.

20

NOVEMBRO

 EU SOU PERFEIÇÃO.

A SABEDORIA INFINITA QUE VIVE DENTRO
DE MIM ESTÁ TRABALHANDO PARA CRIAR
A MELHOR VERSÃO DE MIM MESMO.

21

NOVEMBRO

" EU SOU PAZ. "

22

NOVEMBRO

EU SINTO A ENERGIA
CRIADORA DENTRO DE MIM.

23

NOVEMBRO

 MEUS SONHOS SÃO AUTORREALIZÁVEIS.

NOVEMBRO

24

25

 EU PERDOO TODOS QUE ME MAGOARAM.

NOVEMBRO

26

 EU RECEBO A GRAÇA DE DEUS.

27

NOVEMBRO

 EU ME ACEITO E AMO SER QUEM SOU.

NOVEMBRO

28

 EU SOU CONFIANTE E ORIGINAL.

29

NOVEMBRO

 EU REALIZO GRANDES FEITOS.

30

NOVEMBRO

EU RENASÇO TODOS OS DIAS.

dezembro

AMOR

Permita que a criatividade o conecte com o Universo

Meu mestre e amigo Hélio Couto fala, em uma das suas magníficas palestras, sobre a existência das ideias infinitas. Segundo esse brilhante pesquisador da consciência, todas essas ideias e concepções imaginativas que podemos acessar e manifestar em qualquer realidade fluem do Oceano Primordial de Energia. Assim, há um manancial de energia cósmica no qual abastecemos o tempo todo a nossa inteligência direto da fonte criadora – e isso não é magia!

Para preencher nossa mente com inovação e originalidade, precisamos apenas acessar a frequência original da criação, o silêncio, e visitar essa incubadora quântica ou Matriz Divina, conforme denominou o famoso cientista Gregg Braden.

Para cocriar, precisamos também entrar em sintonia com a fonte através da vibração do amor, estabelecida acima de 500 hertz, de acordo com a Tabela da Expansão da Consciência, elaborada pelo Dr. David Hawkins, para receber toda a prosperidade e a abundância dispostas pelo Universo. No mundo dos negócios, por exemplo, a inovação é a fonte da prosperidade e a chave para o sucesso. Quem inova está sempre na frente.

Agora, você, com esse conhecimento valioso, tem todas as possibilidades para prosperar na vida e conquistar todos os desejos porque, a partir deste momento, sabe, exatamente, por onde navegar para materializar qualquer coisa e receber ideias originais da Matriz Divina. Para captar essas ideias e estimular a criatividade expansiva da mente, você precisa praticar algo muito simples.

"A mente precisa apenas ficar quieta, em contemplação de qualquer coisa. Pode ser uma formiga, um azulejo, um banho de chuveiro… qualquer coisa que faça com que paremos de pensar em dívidas, problemas etc.", disse Hélio Couto, em um dos seus fabulosos artigos.

É preciso, de acordo com o pesquisador, deixar a mente consciente devanear para as ideias inovadoras emergirem da Matriz Divina para o consciente. Basta permitir a passagem do próprio fluxo de bem-estar do Universo, anotar, desenvolver e colocar em prática todas as ideias e inovações provenientes da fonte criadora. Chego a ficar emocionada ao transmitir um conhecimento tão valioso assim.

Há, portanto, um Oceano de Sabedoria Quântica Infinito à sua disposição, meu querido leitor. O fluxo é incessante, não faltam ideias, criatividade, serviços, produtos, estratégias ou planos disponíveis para todas as áreas da vida.

A criatividade jorra sem parar direto da fonte da vida e não existem limites para os sonhos e para a materialização das infinitas possibilidades. Assim, as ideias brotam e surgem quando você está dirigindo, tomando banho ou mesmo quando não consegue pegar no sono, em momentos de pura insônia.

Nesse verdadeiro campo quântico dos sonhos e das ideias originais, as oportunidades e possibilidades são infinitas para a cocriação da realidade e para alcançarmos a prosperidade em todos os sentidos da vida. Não é mágico?

1

DEZEMBRO

 A CADA DIA EU FICO MAIS JOVEM.

2

DEZEMBRO

 MEU CORAÇÃO VIVE EM CONSTANTE PAZ.

3

DEZEMBRO

EU PRATICO A PURIFICAÇÃO DOS MEUS PENSAMENTOS DIARIAMENTE.

4

DEZEMBRO

5

DEZEMBRO

6

DEZEMBRO

 NORMAL É UMA VIDA DE VITÓRIA.

7

DEZEMBRO

 A PROSPERIDADE MORA COMIGO.

8

DEZEMBRO

VIVO NUM UNIVERSO DE AMOR, ABUNDÂNCIA E HARMONIA, E AGRADEÇO POR ISSO.

9

« EU ESTOU BEM, TUDO ESTÁ BEM. »

10

DEZEMBRO

EU SOU CRIATIVO.

11

DEZEMBRO

12

DEZEMBRO

TENHO GRANDE ADMIRAÇÃO POR MIM MESMO.

13

DEZEMBRO

14

SEI AGRADECER PELAS DÁDIVAS QUE RECEBO.

15

DEZEMBRO

 SEI AMAR OS OUTROS.

16

DEZEMBRO

A CADA DIA QUE PASSA, ME TORNO UM MELHOR PROFISSIONAL, TODOS RECONHECEM O MEU VALOR E AS RECOMPENSAS SURGEM INESPERADAMENTE.

17

DEZEMBRO

 SEI QUE A LUZ DO UNIVERSO ME ALCANÇA.

É UM ENORME PRAZER GERIR O DINHEIRO
COM SABEDORIA, O DINHEIRO FLUI ABUNDANTEMENTE
PARA MIM. GUARDO UMA PARTE E GASTO OUTRA.

18

DEZEMBRO

« EU SEI QUEM EU SOU. »

19

« TODAS AS FORMAS DE
PROSPERIDADE CHEGAM ATÉ MIM. »

20

DEZEMBRO

 SOU RESPEITADO E ADMIRADO POR TODOS.

21

DEZEMBRO

 SOU MUITO BEM REMUNERADO, DIARIAMENTE.

22

DEZEMBRO

 EU VEJO PERFEIÇÃO EM TODA PARTE.

23

DEZEMBRO

 A VIDA É UM PASSEIO MARAVILHOSO.

24

DEZEMBRO

“ EU SOU INTELIGENTE. „

25

DEZEMBRO

 EU SEMPRE ENCONTRO TUDO O QUE PRECISO.

26

DEZEMBRO

27

DEZEMBRO

« MINHA VIDA É UMA
MANIFESTAÇÃO DA VERDADE. »

28

DEZEMBRO

29

DEZEMBRO

 EU VEJO BELEZA EM TODA PARTE.

30

DEZEMBRO

 ESTOU ATENTO AOS SINAIS DO UNIVERSO.

31

DEZEMBRO

 EU SEI LOCALIZAR BOAS OPORTUNIDADES.

Pelo que eu sou grato

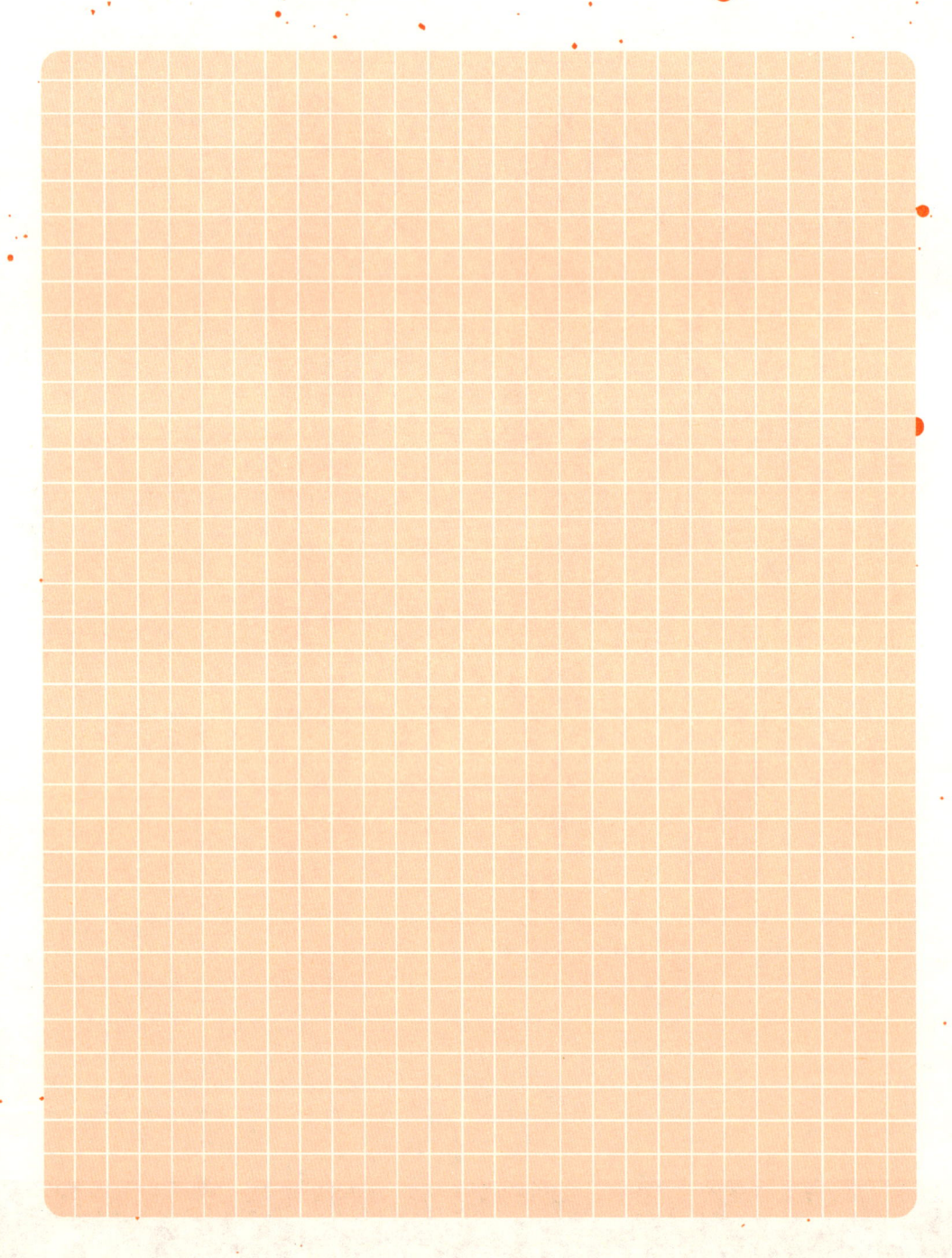

Onde encontrar conteúdos exclusivos

 Elainne Ourives

 elainneourivesoficial

 elainneourives

 Elainne Ourives

ACESSE O SITE
www.elainneourives.com.br

Todas as afirmações descritas no rodapé das páginas foram retiradas de *O livro de ouro de Saint Germain*.

Diretora
Rosely Boschini

Gerente Editorial Sênior
Rosângela de Araujo Pinheiro Barbosa

Editora Júnior
Rafaella Carrilho

Assistentes Editoriais
Larissa Robbi Ribeiro e Fernanda Costa

Produção Gráfica
Fábio Esteves

Capa
Rafael Nicolaevsky

Projeto Gráfico e Diagramação
Gisele Baptista de Oliveira

Revisão
Juliana Cury | Algo Novo Editorial
Elisa Martins

Impressão
Edições Loyola

CARO(A) LEITOR(A),
Queremos saber sua opinião
sobre nossos livros.
Após a leitura, curta-nos no
facebook.com/editoragente,
siga-nos no Twitter **@EditoraGente**
e no Instagram **@editoragente**
e visite-nos no site
www.editoragente.com.br.
Cadastre-se e contribua com
sugestões, críticas ou elogios.

Dados Internacionais de Catalogação na Publicação (CIP)
Angélica Ilacqua CRB-8/7057

Ouvires, Elainne
    O meu ano de gratidão : 365 dias para transformar sua
realidade e tornar a gratidão uma prática constante em sua
vida / Elainne Ourives. - São Paulo : Editora Gente, 2023.
    400 p.

ISBN 978-65-5544-296-0

1. Gratidão 2. Administração do tempo I. Título

22-7070   CDD 158.1

Índices para catálogo sistemático:
1. Gratidão

Este livro foi impresso pela Edições Loyola
em papel pólen bold 70 g/m² em fevereiro de 2023.